나의 서양사 편력 1

고대에서 근대까지

나의
서양사 1
편력

고 대 에 서   근 대 까 지

박상익 지음

푸른역사

서설_서양사로 세계의 문을 열다

18세기 말은, 우리나라에서는 정조(1776~1800 재위)가 다스리던 때였지만, 지구 반대편 유럽에서는 프랑스혁명의 열기가 솟구치고 영국의 산업혁명이 본격화하던 시기였다. 만일 우리가 그 시간으로 돌아가 프랑스혁명기 유럽과 정조 시대를 직접 경험하게 된다면 어느 편이 더 친숙할까? 공간적·지리적으로야 당연히 정조 시대를 가깝게 여길 것이다. 하지만 역사적·기능적으로는 다르지 않을까?

먼저 프랑스로 가보자. 로베스피에르는 1793년 후반 혁명정부의 주요 통치기관이었던 공안위원회公安委員會를 장악하고 평등을 실현하고자 분투했지만 이듬해 반혁명세력에 의해 단두대에서 처형당하고 말았다. 오늘 우리의 모습은 어떠한가? 평등주의, 민주주의 등의 실현이 여전히 요원해 보인다. 이런 오늘의 한국 사회와 한국인에게는 프랑스혁명이 더 가깝게 느껴지지 않을까? 로베스피에르와 오늘의 한국 사회는 같은 고민을 안고 있기 때문이다.

같은 시기 영국에서는 산업혁명이 가속화되고 있었다. 제임스 와트가 증기기관을 발명한 것이 1790년이었다. 이른바 1차 산업혁명이다.

산업화에 속도가 붙으면서 영국 사회에는 노동 문제, 주거 문제, 환경 문제 등 각종 사회 문제가 발생하기 시작했다. 농경 사회였을 때는 볼 수 없었던 새로운 고민거리가 생겨난 것이다. 한국은 어떠한가? 20세기 후반 본격적으로 산업화에 접어든 우리 입장에서는 정조 시대보다 영국의 산업혁명이 더 가깝게 느껴질 법하지 않은가? 우리 사회 역시 산업화의 후유증을 똑같이 앓고 있기 때문이다.

영국의 역사학자 에릭 홉스봄은 18세기 말과 19세기 초 프랑스에서 일어난 정치혁명과 영국에서 일어난 경제혁명을 '이중혁명Dual Revolution' 이라고 불렀다. 이중혁명으로 인해 서양 사회에는 정치적 민주주의와 경제적 자본주의를 특징으로 하는 근대 사회가 출현하게 된다. 우리나라 역시 정치적 민주주의와 경제적 자본주의를 추구한다. 18세기 말 프랑스와 영국이 경험한 수많은 시행착오와 실수들을 잘 연구한다면 우리의 시행착오와 각종 사회 문제를 줄이는 데 큰 도움이 될 수 있지 않을까? 이렇게 보면 정조 치세보다 이중혁명이 우리에게 훨씬 더 가깝게 느껴질지도 모른다. 우리의 현실을 돌아보게 해주는 수단으로서 서양사 지식이 요긴하게 쓰일 수 있는 것이다.

마치 거울을 바라봄으로써 자기 얼굴을 볼 수 있듯이, 우리는 서양과의 비교를 통해 한국 사회가 처한 좌표를 좀 더 객관적으로 가늠할 수 있다. 역사를 '거울[鑑]'에 비유하는 이유가 여기에 있다. 똑똑, 서양사를 노크하여 세계의 문을 열면 현실을 바라보는 우리의 눈과 머리는 냉철해진다. 좀 더 객관적·입체적으로 우리 현실을 직시하게 된다.

똑똑 서양사를 노크하면

역사 공부를 하면서 들어본 가장 황당한 말은 '역사는 고정불변이며 따라서 암기과목'이라는 말이다(이 황당한 말이 고교생들 사이에서는 당연한 상식처럼 여겨지고 있다는 것은 우리의 역사 교육이 얼마나 파행으로 치닫고 있는지를 단적으로 보여주는 사례다). 연대, 인명, 지명 등 외워야 할 것이 많기 때문인 듯싶다. 하지만 그런 식으로 말하면 수학도 암기과목이다. 구구단부터 시작해서 외워야 할 정리와 공식이 얼마나 많은가! 물론 농담이다. 결론부터 말하자면 수학도 역사도 암기과목이 아니다.

과거는 불변이다. 하지만 그것을 바라보는 사람의 '관점'은 시대에 따라 변한다. 각 시대마다 문제의식이 달라지기 때문이다. 이에 따라 역사도 시대마다 새롭게 쓰인다. 예를 들어보자. 전통적으로 역사학은 철저히 정치사 중심이었다. 왕, 귀족, 장군 등이 역사의 주인공이었다. 그러다가 산업혁명과 더불어 역사의 경제적 국면이 주목받게 되면서 사회경제사가 새롭게 '탄생'했다. 그와 더불어 '민중'이 역사의 주역으로 떠오르기 시작했다. 역사서술의 역사history of historiography에서 일찍이 볼 수 없었던 '새로운 역사'가 등장한 것이다.

20세기에는 더욱 눈부신 변화가 있었다. 1960년대 흑인 민권 운동과 여권 운동이 미국 사회를 뜨겁게 달구면서 과거를 바라보는 '새로운 관점'이 등장했다. 기존의 역사 연구에서 전혀 다뤄지지 않던 흑인 노예사와 여성사가 처음으로 주목받기 시작한 것이다. 과거의 역사학은 철저히 백인 중심, 남성 중심이었다. 그러나 이제 역사에서 흑인과 여성의 삶이 역사라는 무대의 주역으로 등장했다. 당연히 역사 교과

서도 새롭게 쓰여야 했다.

역사를 바라보는 시선이 뒤바뀌기도 한다. 유럽사에서 17세기를 뒤흔든 가장 큰 사건은 30년전쟁(1618~1648)이었다. 전 유럽이 가톨릭과 프로테스탄트 진영으로 나뉘어 격렬히 싸우던 이 시대는 또한 과학자 갈릴레이(1564~1642)가 지동설을 주장했다는 이유로 핍박을 받던 시기이기도 했다. 동시대 사람들은 어느 쪽이 더 중요하다고 보았을까? 당연히 30년전쟁이었다. 그러나 후대의 평가는 압도적으로 갈릴레이에게 더 큰 비중을 둔다. 이 책의 독자들 가운데 30년전쟁에 대해 잘 아는 이가 얼마나 될까? 그다지 많지 않을 것이다. 반면 갈릴레이를 모르는 독자는 아마도 없을 것이다. 수백 년의 세월이 흘렀음에도 불구하고 우리가 갈릴레이를 기억하는 것은 갈릴레이가 그만큼 후대에 막대한 영향을 미친 인물이기 때문이다. 그러나 정작 갈릴레이 시대에는 갈릴레이의 중요성을 알아보는 사람이 많지 않았다. 당대의 평가와 후대의 역사적 평가가 정반대로 달라진 것이다.

이렇듯 과거는 시시각각 변화하는 현실 속에서 새로운 관점으로 조명되고 해석된다. 따라서 역사학은 다른 어떤 학문 분과 이상으로 사고의 유연성을 필요로 한다. 이처럼 고도의 사고력을 요구하는 역사학을 암기과목으로 간주하는 것은 무지의 발로라고밖에는 말할 수 없다.

나를 깨우는 역사 읽기

만일 17세기에 혜안과 통찰력을 지닌 지도자가 있어 당대의 혼란

속에서도 갈릴레이의 지동설이 갖는 어마어마한 역사적 잠재력을 꿰뚫어볼 수 있었다면, 유럽사 아니 세계사는 어떻게 바뀌었을까? 학문과 지식의 진보는 얼마나 앞당겨졌을까? 인간의 현실은 언제나 흙탕물처럼 혼탁하다. 옥석玉石을 구분하기가 힘들다. 역사는 그래서 필요하다. 역사 읽기를 통해 우리는 혼돈의 현실 속에서 무엇이 더 영속적이고, 더 중요한 것인지를 분별하는 지혜를 기를 수 있다. 물 위에 떠 있는 거품에 현혹되지 않고 심해의 흐름을 가늠하는 통찰력을 배양할 수 있다. 동서양을 막론하고 역사학이 지도자와 엘리트를 위한 학문—제왕학帝王學—의 핵심이었던 이유도 여기에 있다.

꽤 오래 전 일이다. 철도청(지금의 철도공사)에서 추억관광상품으로 증기기관차를 운행하려 했으나 국내에 단 한 대도 남아있지 않은 것을 확인하고, 중국에서 중고 증기기관차를 수입했다는 신문 기사를 읽은 적이 있다. 디젤과 전기 열차가 일반화한 요즘 칙칙폭폭 연기 내며 달리는 증기기관차는 아련한 옛 시절을 떠올리게 하는 추억상품이다.

하지만 산업혁명이 본격화하던 19세기 초에는 전혀 상황이 달랐다. 철도에 대한 지식이 전혀 없던 당시의 지식인들은 기차를 '악마가 만든 강철 기계'라고 생각했다. 속도가 시속 20마일(약 32킬로미터) 정도밖에 되지 않았지만 당시 사람들의 눈에는 거대한 쇳덩어리가 너무 빨리 달리는 것처럼 보였다. 교통사고도 꽤 많았고, 기차 여행이 건강에 해롭다는 견해까지 퍼지기 시작했다. 의사들은 너무 빠른 속도 때문에 갑작스러운 심장 발작, 간질, 동맥경화 등을 일으킬 수 있다고 경고했다. 뿐만 아니라 장거리 목적지에 도착해서는 시차와 갑작스러운 기온 변화로 온갖 질병에 걸릴 수 있다고 목소리를 높였다. 서양의 문인들에게도 시커먼 연기를 뿜어대고 괴성을 지르며 들판을 가로지르는 증기기관차는 '녹색의 정원에 난입한 악마'였다. 평화롭고 조용한 농경 사회에 익숙한 그들에게 산업혁명의 결과물인 증기기관차는 괴물처럼 낯설고 두려운 존재였다. 증기기관차를 아련한 추억거리로 생각하는 오늘날과는 딴판이다. 200년이라는 시간이 흐르면서 같은 사물에 대한 관점이 정반대로 뒤바뀐 것이다. 실로 세월무상歲月無常이다.

우리나라를 포함해 많은 현대 국가들이 공화정을 채택하고 있다. 대한민국은 헌법 1조 1항에 '대한민국은 민주공화국이다'라고 규정하고 있다. 따라서 우리는 '공화주의'에 아무런 이질감을 느끼지 않는다. 하지만 왕권신수설이 공공연히 주장되던 17세기 유럽에서 공화주의란 국왕 살해regicide를 획책하던 반역자들의 급진 과격 사상이었다. 왕권이 신에 의해 부여된다는 이론이 당연시되던 그 시절에 공화주의는 반역인 동시에 끔찍한 신성모독이었다. 반면 오늘날 미국에서 공화당은 오히려 보수 정당에 속한다. 이렇듯 300여 년이 흐르는 동안 공화정에 대한 우리의 느낌은 많이 변했다. 상전벽해桑田碧海가 아닐 수 없다.

변한 것이 어디 그뿐이겠는가. '가난은 나라님도 구제할 수 없다'는 전통적 관념은 사회보장제도의 등장으로 이제 옛말이 됐다. 고대 아테네의 민주정 이후 19세기 중반까지 2,000년 넘도록 서양 사회에서 민주주의는 '폭도 지배mob-rule'와 같은 의미를 지닌 경멸적 용어였지만, 20세기에 접어들어서는 인류가 추구해야 할 가장 바람직하고도 이상적인 정치 형태로 자리 잡았다. 공산주의는 어떠한가. 급진 사상이던 공산주의는 구소련 붕괴 후 보수 이념으로 전락해버렸다. 역사의 아이러니다. 금석지감今昔之感을 금할 수 없다. 역사의 본질이 '변화change'임을 절감한다.

역사는 여행이다

역사학은 시간의 흐름 속에 부단히 변화하는 인간의 삶을 고찰하는 학문이다. 역사학적 접근 방식으로 시간의 흐름을 관찰하면, 당대의 평가와 후대의 평가가 엇갈리는 경우는 매우 흔하다. 역사 읽기를 통해 우리는 영속적이고 가치 있는 것을 분별하는 지혜를 기를 수 있다. 긴 시간의 흐름 속에서 진정으로 가치 있고 의미 있는 것이 무엇인지를 판단하는 데 도움을 준다. 각별히 서양사 읽기는 우리 현실의 여러 문제들에 대한 귀중한 통찰을 제시해준다. 서양이라는 타산지석他山 之石을 통해 우리 현실의 당면 문제를 풀어나가는 데 도움을 얻을 수 있기 때문이다.

역사 읽기는 여행과 많이 닮았다. 여행은 익숙한 공간을 떠나 낯선 풍광을 접할 기회를 주는 터라 언제나 즐거운 경험이다. 역사 읽기는 여행, 그중에서도 시간 여행이다. 특히 서양사 읽기는 시간 여행인 동시에 공간 여행이다. 낯선 시간과 공간이기에 여행의 즐거움은 배로 커진다. 우리가 살고 있는 시간과 공간 저 너머의 삶은 언제나 이국異 國이다. 여행을 즐기다보면 저절로 견문이 넓어지고 내가 처한 현실에 대한 깨우침을 얻을 수 있다. 역사 읽기는 어려운 일이 아니다. 어렵기는커녕 오히려 즐거움과 쾌락을 제공해준다. 우리의 고달픈 일상 속에서 잠깐씩 누리는 여가를 즐겁고 보람차게 지낼 수 있게 해주는 훌륭한 오락거리이기 때문이다.

이 책에 수록된 글들은 기본적으로 고대, 중세, 근대, 현대의 시대 순으로 구성되어 있다. 우리의 현실을 비춰주는 거울이 될 만한 서양 사의 장면들에 주목했다. '나를 깨우는' 시간 여행이 될 수 있다고 판단되는 94개의 장면들을 모았다. 여기에 저자가 오랜 기간 각별한 관심을 가지고 연구한 주제인 존 밀턴에 관한 5편의 글을 한데 모아 별도로 편성했다. 밀턴은 영국의 탁월한 시인이자 동시에 혁명가였다. 밀턴과 관련된 글 역시 우리가 살고 있는 현실과 직접 연관되어 있다. 모두 99개의 글이다. 시대순 배열이지만 꼭 첫 페이지부터 읽을 필요는 없다. 눈에 띄는 제목부터 편한 대로 골라 읽어도 아무 지장 없다.

이 책은 독자 여러분을 '나를 깨우는' 시간 여행으로 안내할 것이다. 이 시간 여행은 유쾌한 여행이 될 수도 있고, 우리가 몰랐던 우리의 민낯을 들여다보게 하는 껄끄러운 여행이 될 수도 있다. 아무쪼록 이 여행을 통해 즐거움과 유익함을 얻을 수 있었으면 한다.

역사 교육, 그저 걱정될 뿐이다

세계화를 본격적으로 부르짖기 시작한 것이 1990년대 문민정부 시절부터이건만, 우리나라 고등학교에는 세계사 과목이 개설된 학교를 거의 찾아볼 수 없다. 세계사 과목은 대한민국 고등학교 교육과정에서 사실상 없는 것이나 마찬가지다. 그 결과 고등학교와 대학 교육을 마치고도 서양사에 대한 초보적인 사실조차 익히지 못한 인구가 대대적으로 배출되는 지경에 이르렀다.

망언을 쏟아내는 일본 극우 정치인들이 국제 사회의 지탄을 받고 있다. 왜곡된 역사 지식에 빠져 허우적거리는 극우 정치인들을 보면 도대체 일본 역사 교육이 어떻게 진행되고 있는지 그 실태가 궁금해진다. 하지만 우리의 예상과는 반대로 1995년 이후 일본은 세계사를 고교 필수과목으로 지정했다. 오히려 자국사인 일본사가 선택과목이다. 초·중학교의 역사 교육을 일본사 중심으로 진행하기 때문에 고교 교육과정에서 세계사를 보완해야 한다는 게 이유였다. 하지만 재량권을 가진 학교장들이 대부분 자국사를 선택하기에 일본사 역시 필수과목처럼 가르쳐지고 있다. 일본의 교육과정에서 자국사와 세계사는 사실상 모두 필수과목인 셈이다.

우리 교육 현실과는 달라도 너무 다르다. 일본의 역사 왜곡에 손가락질하고 있을 때가 아니다. 부끄럽지만, 역사 교육에 관한 한 일본이 우리보다 훨씬 앞서 있기 때문이다. 가까운 미래에 우리가 일본보다 더 끔찍한 역사 왜곡을 저지르지 않는다고 누가 장담하겠는가? 민족사의 비좁은 울타리를 뛰어넘어 세계사적 보편성의 인식에 도달할 때 비로소 우리나라는 일본보다 훌륭한 나라가 될 수 있다. 글로벌 시대에 역행하는 우리의 파행적 역사 교육이 21세기 대한민국의 국가 경쟁력에 심각한 장애를 가져올 것만 같아 심히 우려된다. 이 책이 제도권 역사 교육의 커다란 공백을 조금이나마 메우는 데 기여할 수 있기를 바란다.

언제나 곁에서 든든한 지지자가 되어준 이정란 님, 그리고 늘 나의 기쁨과 보람이 되어준 예원, 지원에게 고마움을 전한다. 기꺼이 출판을 맡아준 푸른역사 박혜숙 대표와 예리한 지적으로 책의 완성도를 끌어올려준 정호영 편집자, 그리고 멋진 디자인으로 책을 빛내준 조현주 디자이너에게도 깊이 감사드린다.

2014년 12월

글쓴이 박상익

제 1 부

고대

1

인류는 모두 하나

늘어나는 외국인 체류자, 국제결혼 등으로 사회 구조가 급격히 변하고 있다. 우리나라에서 2020년 무렵에 태어날 신생아 3명 중 1명(32퍼센트)이 혼혈아가 될 것이라는 전망도 나왔다. 오랜 세월 '단일민족'을 자랑처럼 여겨왔던 우리는 다양성에 익숙해질 역사적 기회가 없었다. 우리는 미국이나 유럽의 백인들에게는 상당히 우호적인 반면, 동남아시아 인이나 흑인들을 멸시하는 이중적 잣대를 가지고 있다. 피부색으로 인한 갈등의 골을 서둘러 치유하지 않으면 국가 공동체의 존립마저 위협받을지 모른다.

　오랫동안 인류학자들은 피부색에 따라 백인종·흑인종·황인종 등으로 인종을 구분했다. 19세기 초 혈액형의 존재가 처음 발견됐을 때 과학자들은 이를 통해 인종의 존재를 재확인할 수 있으리라고 생각했다. 나치 독일에서는 B형이 이민족의 특성을 가진 혼혈의 상징이며, 순수한 아리안족은 그것을 갖고 있지 않음을 증명하려고 애썼다. 하지만 인종의 역사에 대한 연구는 선입견의 산물이었다. 이 모든 것은 그야말로 터무니없는 짓이었다. 현대 과학은 '인종'이라는 용어를 아예 사용하지 않는다.

유전학자들이 지구상의 다양한 지역에 살고 있는 인류의 유전자를 비교한 결과 모두 동질적임이 밝혀졌다. 이토록 드넓은 지역에 흩어져 살고 있는데도 동질성을 갖고 있는 이유는 무엇일까? 학자들이 인류 조상들의 생활 조건과 그들의 유전자가 전해진 과정을 시뮬레이션해본 결과, 인류는 아프리카 또는 서남아시아 특정 지역(아마 이곳이 '에덴'일 것이다)에서 기원전 15만~10만 년에 출현했다고 한다. 3만명가량이었던 '에덴' 거주자들이 기원전 10만 년경부터 '지구 대정복'에 나서 5개 대륙을 누볐고, 그 결과 현대 인류가 있게 되었다는 것이다.

그러면 어떻게 해서 피부색은 거주 지역에 따라 달라졌을까? 피부색의 세계 분포를 살펴보면 그것이 일조日照 지도와 정확하게 일치함을 확인할 수 있다. 햇볕이 잘 드는 지역 사람들은 피부색이 짙고, 그렇지 않은 지역 사람들은 피부색이 밝은 것이다. 그 이유는 간단하게 설명된다.

현재 옷을 입지 않고 사막에서 사는 오스트레일리아 원주민보다, 파도타기를 즐기는 스웨덴 출신의 금발 서퍼surfer들이 피부암에 더잘 걸린다. 반면 햇빛이 약한 지역에 사는 짙은 색 피부를 가진 사람

다윗의 별 유대인

1941년 8월 히틀러는 "유럽은 지리적 실체가 아니라 인종적 실체"라고 선언했다. 나치는 북유럽인을 포함한 이른바 아리안족만이 가장 완전한 인간이며 인류의 진보에 현저한 기여를 한 유일한 인종이라고 주장했다. 나치는 유대인의 독일시민권을 박탈하고 독일인과 유대인의 결혼을 금지시켰다. 유대인들은 외출 시에 '다윗의 별'을 달도록 강요당했다. 수백만의 유대인이 체포되고 고문당하고 강제수용소에서 죽음을 맞이했다. 동성애자·집시·폴란드인·우크라이나인 같은 '바람직하지 못한 인종들'도 유대인과 같은 운명을 맞이했다.

은 밝은 색 피부를 가진 사람에 비해 비타민 D 합성능력이 떨어져 구루병의 위험에 더 노출된다. 학자들은 이 같은 점을 토대로 햇볕과 피부색의 관계를 설명한다. 먼저 더운 지방에 사는 사람들 중 밝은 피부색을 가진 이들은 높은 사망률로 도태되어 후손들이 적어졌다. 또한 선사 시대에 추운 지역에서 출생한 검은 피부의 사람들은 구루병에 더 많이 걸렸을 것이고, 세대가 바뀌면서 밝은 색 피부를 가진 사람만이 살아남았다는 것이다.

인류의 조상들이 대이동을 한 후 피부색이 바뀌는 데는 얼마나 걸렸을까? '수백 세대' 정도면 확실한 변화가 일어난다. 아메리카 인디언을 예로 들 수 있다. 그들은 기원전 2만 년에서 기원전 5,000년 사이에 아메리카에 도착했다. 그런데 오늘날 캐나다나 아르헨티나에 정착한 사람들보다 과테말라나 콜롬비아에 정착한 사람들이 출생 시에 피부색이 훨씬 더 짙다. 요컨대 피부색의 차이가 고정되는 데는 1만 5,000년이면 충분하다는 것이다. 그러므로 피부색으로 인류를 구분하는 것은 전혀 타당성이 없다.

아파트 같은 층에 살면서 혈액형이 다른 이웃사람의 혈액보다는, 자신과 같은 혈액형을 갖고 있는 아프리카 사람의 혈액을 받는 게 훨씬 낫다. 흑인·백인 유전자가 따로 존재하지 않는다는 것이 현대 과학의 결론이다. 우리는 이미 다인종 사회로 접어들었다. 우리는 단군 할아버지의 자손이기에 앞서, 아프리카 또는 서남아시아 어딘가의 '에덴'에서 출현한 호모 사피엔스의 후예임을 잊어서는 안 된다.

2

크로마뇽인의 공감주술

제23대 프랑스 대통령(2007~2012)을 지낸 니콜라 사르코지는 재직 중이던 2008년 한 업체를 상대로 소송을 냈다. 이 업체는 사르코지를 모델로 한 '부두voodoo 인형'을 만들어 인터넷을 통해 판매하고 있었다. 부두는 카리브 해의 서인도 제도諸島에서 유래한 주술적 종교로, 부두 인형은 특정인을 저주할 때 바늘로 찌르기 위해 만들어진 것이다. 인형 설명서에는 사르코지 대통령이 더 이상 말썽을 일으키지 않게 하려면 어느 부위를 찔러야 하는지 알려주었다. 친절하게 핀까지 제공했다.

격분한 사르코지는 인형의 판매를 금지해 달라고 소송을 냈다. 업

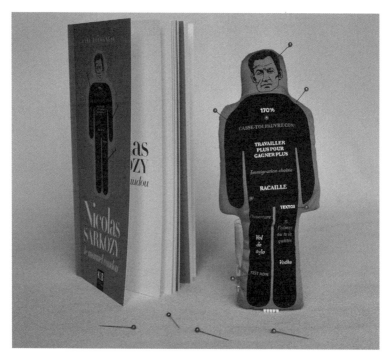

사르코지 부두 인형

프랑스의 K&B출판사가 출시한 이 주술 인형은 사르코지 대통령을 본뜬 몸체와 몸통을 찌르기 위한 핀, 사용 설명서가 한 세트로 구성되었다. 사르코지 대통령의 얼굴과 연결된 몸통 곳곳에는 주문을 떠오르게 하는 각종 글귀들이 적혀 있었다. '더 벌기 위해 더 일하자', '사라져라, 패배자', '키높이 구두'(사르코지의 작은 키를 비꿈), '하이퍼 대통령'(지나치게 권력이 강한 대통령) 등. 대부분 사르코지 대통령의 정책이나 신체적 특징을 풍자하는 글귀들이었다. 사용 설명서에는 사르코지 대통령이 하지 않았으면 하는 내용이 담긴 글귀를 사용자가 바늘로 찌르라고 되어 있다(2008년 10월 24일). ⓒ 연합뉴스

체 관계자는 "사르코지는 정치인이자 공인"이라며 "부두 인형의 판금 요구는 그를 풍자한 제품의 유머러스한 특성을 무시한 부당한 처사"라고 반발했다. 프랑스 항소법원도 업체의 손을 들어주었다. 인형의

판매를 금지하는 것이 '표현의 자유를 위축시킬 수 있다'면서 기각 결정을 내린 것이다. 그 대신 포장지에 '이 키트의 바늘로 인형을 찌르는 것은 사르코지의 존엄성을 공격하는 것'이라는 경고문을 표기하게 했다.

인형을 통해 특정 대상을 저주하는 행위가 부두에만 있는 것은 아니다. 구석기 시대 크로마뇽인도 유사한 행위를 했다. 동굴 깊은 곳에 사냥 장면을 그림으로 그렸는데, 학자들은 그것을 '공감 주술 sympathetic magic'이라고 부른다. 공감 주술이란 원하는 바를 모방하면 그 결과가 나타나리라는 믿음에 기반을 둔 것이다. 선사 시대 화가들은 화살이 들소 옆구리를 꿰뚫는 모습을 그림으로 그리면 그 그림 그리는 행위 자체가 실제로 사냥 현장에서 들소를 활로 쏘아 맞히는 데 도움을 준다고 생각했다. 그들이 예술작품을 창조한 목적은 미적 감각을 만족시키기 위한 것이 아니라 식량으로 쓸 동물의 포획을 늘리기 위한 것이었다. 당시의 예술가들은 '심미가'가 아니라 '주술사'였고, 예술은 사냥의 성공을 기원하기 위해 고안된 일종의 주술이었다.

원시인들은 종종 그림과 현실을 잘 구분하지 못하곤 했다. 언젠가 한 유럽 화가가 아프리카 마을에서 소를 캔버스에 그림으로 그렸더니, 원주민들이 실망한 나머지 이렇게 항의했다고 한다. "당신이 그 소들을 끌고 가버리면 우리는 무엇으로 살아가란 말입니까?"

공감 주술은 우리에게도 있었다. 조선 시대 궁중 비사를 다룬 텔레비전 사극을 떠올리면 된다. 미워하는 사람을 해코지하려는 목적으로 짚으로 사람 모양의 물건(우리말로 '제웅'이라고 한다)을 만들고 여기에 그 사람의 이름과 생년월일을 기록한 종이를 접어 넣는다. 경우에 따라서는 미워하는 사람의 얼굴을 그려 놓고 화살을 쏘기도 한다. 이것을 우리말로는 '방자' 또는 '방자질'이라고 한다. 서울시청 광장 등에서 이따금 벌어지는 특정 인물에 대한 화형식도 같은 맥락으로 볼 수 있다.

이렇듯 동서고금에 보편화된 공감 주술을 그저 터무니없는 미신적 습속에 불과하다고 간단히 넘겨버릴 수 있을까? 꼭 그렇게 볼 수만은 없다. 한 가지 예를 들어 보자. 내가 좋아하는 운동선수의 사진을 신문에서 오려냈다고 가정하자. 우리는 바늘로 그의 눈을 파내는 행위를 즐길 수 있을까? 신문지의 글씨가 인쇄된 곳에 구멍을 내듯 아무 느낌 없이 인물 사진에서 눈을 파낼 수 있을까? 그렇게 할 사람은 없을 것이다. 그 사진에 대해 내가 저지른 행동이 그 사진의 실제 인물에게 한 행동과 같은 의미를 갖는다는 터무니없는 생각이 어디엔가 찜찜하게 남아 있는 것이다. 이렇듯 '이상하고 불합리한' 생각은 21세기에 살고 있는 우리 마음속에도 본능처럼 여전히 살아남아 있다. 괴테의 말처럼 인간 본성이란 아무리 세월이 흘러도 변치 않는 것임을 확인하게 된다.

부두 인형 사건은 우리를 두 번 놀라게 한다. 먼저 자국의 대통령을 대상으로 그런 인형을 만들어 팔 생각을 했다는 사실이고, 두 번째는 그런 행위를 '표현의 자유'라는 이름으로 용인해준 프랑스 사법부의 판결이다. 과연 톨레랑스tolérance(관용)의 나라답다는 감탄이 절로 나온다. 금기에 대한 도전을 당연시하는 풍토라 프랑스의 예술과 문화도 그렇게 꽃필 수 있지 않았을까 싶기도 하다.

2010년 11월 한국에서 G20 정상회의가 열렸다. 한 대학 강사가 G20 홍보 포스터에 '쥐'를 그렸다. 쥐가 청사초롱을 들고 G20 귀빈들을 환영하는 패러디 포스터였다. 즉각 법의 심판을 받았다. 검찰은

라스코 동굴벽화

크로마뇽인은 미적 감각을 만족시키기 위해서가 아니라 단지 식량으로 쓸 동물의 공급을 늘리기
위해 그림을 그렸다. 예술가들은 심미가審美家가 아니라 주술사呪術師였고, 예술은 사냥의 성공을
기원하기 위해 고안된 일종의 주술이었다. 크로마뇽인들이 남긴 벽화에 식물과 무생물이 거의 등
장하지 않는 까닭이다. 이는 또한 크로마뇽인이 왜 완성된 그림에는 소홀한 채 그림을 만드는 과
정에만 주로 관심을 가졌는지를 말해준다. 작품이 접근하기 힘든 동굴 깊은 곳에 위치해 있다는
사실 역시 종교적 동기가 있었음을 증명한다. 당시의 예술은 비밀스러운 종교 의식이었다.

'쥐그림' 새겨진 G20 홍보포스터

2011년 10월 대법원 2부(주심 양창수 대법관)는 G20 정상회의 포스터를 훼손한 혐의(공용물건 손상)로 기소된 대학 강사 박모 씨에 대해 벌금 200만 원을 선고한 원심을 확정했다. 재판부는 "원심이 피고인을 유죄로 인정한 것은 정당하다"고 판시했다. 박씨는 2010년 10월 31일 서울 도심 22곳에 부착된 G20 정상회의 홍보 포스터에 미리 준비한 쥐 그림 도안을 대고 검정색 스프레이를 뿌린 혐의로 올해 1월 불구속 기소됐다. 1·2심 재판부는 "쥐 그림을 그려 홍보물을 훼손하는 것은 예술과 표현의 자유를 벗어난 행위"라며 박씨에게 벌금 200만 원을 선고했다(2011년 1월 26일). ⓒ 연합뉴스

징역 10개월형을 구형했고, 1·2심 재판부는 200만 원 벌금형을 선고했다. 2011년 10월 대법원은 원심을 확정했다.

프랑스와 대한민국, 두 나라는 모두 자유민주주의를 표방한다. 한 나라는 표현의 자유 위축을 우려하며 대통령도 풍자의 대상이 될 수 있음을 분명히 했다. 다른 한 나라는 예술과 표현의 자유에도 한계가 있음을 내세우며 대통령을 풍자의 대상으로 삼는 행위(표면적으로는 '홍보물 훼손'을 언급했지만)에 족쇄를 가했다. 두 나라 중 하나는 분명 정상 국가가 아니다.

람세스, 모세,
그리고 프로이트

신왕국 시대 제18왕조가 시작된 후 이집트 종교는 심각한 타락상을 보였다. 종교에서의 윤리적 중요성은 무시되고 미신과 주술이 득세했다. 사제들은 날로 커져가는 자신들의 세력을 유지하기 위해 대중의 두려움을 이용했다. 그들은 죽은 자의 심장─양심을 상징한다─이 그의 본성을 폭로하는 것을 막게 해준다는 부적을 판매하기 시작했다.

그들은 제문祭文을 팔기도 했다. 파피루스 두루마리에 적힌 이 제문을 무덤에 묻으면 죽은 자들이 천상계에 들어가 영생을 누리게 된다는 것이다. 이러한 제문을 모아놓은 것이 《사자死者의 서書》였다. 일반적으로 알려진 것과 달리 이 책은 이집트인의 경전이 아니라 제문을 모아놓은 것이다.

이렇듯 종교가 주술로 전락하자 거대한 종교혁명이 일어났다. 이 운동의 지도자는 제18왕조의 여덟 번째 왕 아멘호테프 4세(기원전 1353~1336 재위)였다. 그는 종교적 타락을 바로잡으려 하다가 여의치 않자 아예 기존 종교 자체를 절멸시키기로 결심했다. 사제들을 신전에서 몰아내고 전통적 신들의 이름을 공공 기념물에서 지워버렸으며 '아텐Aten'(또는 아톤Aton, '태양'의 의미를 담고 있다)이라는 새로운 신 하나만을 섬기도록 했다. 그러고는 자신의 이름을 아멘호테프 Amenhotep(아몬이 기뻐한다)에서 아케나텐Akhenaten(아텐에게 이익이 되는 사람)으로 바꿨다. 아텐교는 기존의 어떤 종교보다도 유일신교에 가까운 것이었다. 전통과의 철저한 단절이었다.

그러나 아케나텐의 유일신교에 대한 열정은 결국 실패로 끝났다. 이집트 대중은 종래의 다신교 풍습에 끝끝내 집착했고, 사제들도 자신들의 기득권을 위협하는 새로운 신의 존재를 반대했다. 궁중에서는 혁명이 일어났고 거의 한 세대 동안 이집트는 혼란에 빠졌다. 아케나텐은 처형되었고 종국에는 구질서가 다시 회복되었다.

아케나텐의 시대가 끝나고 수십 년이 지난 후 제19왕조의 세 번째 왕 람세스 2세(1279~1213 재위)가 즉위했다. 무려 66년 동안이나 왕위에 있었던 그는 당시 오리엔트 세계에서 이름만 들어도 벌벌 떨던 히타이트의 무와탈리스 왕과 카데시 전투에서 당당히 맞서며 팔레스타인을 경영했고, 서쪽으로는 리비아, 남쪽으로는 누비아를 정벌한 세계제국의 군주였다. 그는 전쟁 외에도 대규모 건설 사업을 벌이고 이집트 여러 곳에 거대한 자신의 조각상을 많이 만든 것으로 유명하다.

굳이 이 같은 업적을 들지 않더라도 람세스 2세는 우리에게 아주 친숙한 인물이다. 히브리 민족의 지도자 모세와 같은 시대, 같은 공간에 살면서 경쟁 관계에 있었기 때문이다. 〈출애굽기〉에 따르면 이집트 왕자로 교육받은 모세는 왕자의 모든 특권을 버리고, 노예살이를 하던 히브리인을 이끌고 고단한 엑소더스Exodus의 길로 들어선 히브리인의 영웅이다. 그 과정에서 모세는 메뚜기, 개구리 등 열 가지 재앙으로 람세스 2세와 치열한 대결을 벌인다. 이 이야기는 1956년 미국 영화감독 세실 B. 드밀에 의해 〈십계〉로 영화화되었고(율 브린너, 찰턴 헤스턴 주연), 1998년에는 할리우드에서 〈이집트왕자〉라는 애니메이션으로 제작되기도 했다.

그러나 모세가 진정 그런 인물이었을까? 이 질문에 '아니오'라고 반박한 인물이 있다. 정신분석학자로 너무나 잘 알려진 지그문트 프로이트다(그는 유대인이다). 그는 아케나텐이 주도한 이집트 종교혁명의 와중에 하나의 사건이 있었다고 말한다. 마치 바울이 그리스도교를 수립하려는 열망에 고무되었던 것처럼, 아텐교를 유지하고자 했던 인물이 나타났다는 것이다. 《모세와 유일신교》(1938)에서 프로이트는 바로 그 인물이 모세라고 말한다.

프로이트는 모세가 유대인이 아니었다고 주장한다. 모세는 이집트의 왕자였거나 아니면 아텐교의 성직자였다는 것이다. 유일신교를 낯설고 이질적이라는 이유로 받아들이지 않은 이집트인들에게 실망한 모세는, 당시 이집트에서 노예로 살아가던 유대인들을 의도적으로 선택해, 자신이 신봉하는 유일신교를 그들이 받아들인다면 이집트에서 해방시켜 주겠노라고 약속을 했다는 것이다.

프로이트의 이론에 의하면, 모세는 유대인들이 자신의 유일신 종교를 택할 수 있는 가장 적합한 민족이라고 생각했고, 당시 이집트에서 노예살이 하던 유대인들은 자유를 갈망하고 있었기 때문에 둘 사이의 협상이 성공적일 수 있었다고 한다. 자유의 대가로 유대인들은 모세를 지도자로, 그의 종교를 자신들의 종교로 선택했다는 것이다. 마치 정통 유대인들이 예수의 가르침을 따르지 않자 사도 바울이 자신의 복음을 유대인이 아닌 이방인들에게 가르친 것과 같은 맥락이라는 설명이다.

프로이트는 모세가 몰락한 아텐교를 재건하려 한 이집트인이었다고 가정한다. 이집트에서 아텐교의 재건이 불가능하다는 것을 깨달은 그가, 당시 하비루라고 불리던 히브리인들을 이끌고 이집트를 탈출, 가나안에 재건한 종교가 바로 야훼를 섬기는 유일신교라는 것이다. 프로이트는 히브리어에서 '주님'을 뜻하는 '아도나이'가 바로 '아텐'에서 온 것이며, 〈출애굽기〉에 나오는 "모세는 입이 무거웠다"는 구절은 그가 이집트인이어서 히브리어에 능숙하지 못했기 때문이라고 주장한다.

프랑스 작가 크리스티앙 자크의 소설 《람세스》는 이러한 프로이트의 이론을 거대한 로망으로 꽃피워냈다. 이 소설은 〈출애굽기〉, 〈십계〉, 〈이집트왕자〉가 전해주는 모세 이야기와는 딴판이다. 프로이트의 주장을 대폭적으로 받아들였기 때문이다. 물론 프로이트의 주장과 완전히 같지는 않다. 모세를 람세스와 절친한 친구 사이로 간주하기는 하되, 처음부터 히브리인으로 설정했다는 점이 프로이트의 주장과 다르다. 그러나 이 소설에는 유일신교인 아텐교 도입을 주도했던 아케나텐의 증손녀, 그리고 그녀를 통해 제18왕조와 아텐교를 재건하려는 오피르라는 인물이 등장한다. 작가가 프로이트의 주장에 상당

이집트 아부심벨에 있는 람세스 2세 석상

람세스는 기원전 13세기에 활동한 이집트 제19왕조의 세 번째 왕(기원전 1279~1213 재위)이다. 히타이트인·리비아인과의 전쟁 이외에도 방대한 건설 사업을 벌이고 이집트 여러 곳에 거대한 자신의 조상彫像을 많이 만든 것으로 유명하다. 람세스 2세는 신왕국 시대의 전성기를 대표하는 파라오다. 그렇게 될 수 있었던 까닭은 무엇보다도 그의 긴 재위 기간이다. 19왕조 전체의 존속기간이 110년인데, 세 번째 파라오인 그의 치세가 66년으로 3분의 2 가량을 차지한다.

부분 의지하고 있음을 짐작하게 하는 대목이다.

　이 소설에는 서양고대사에 관심을 갖는 독자라면 깜짝 놀랄만한 장면도 나온다. 저 유명한 트로이전쟁의 발단이 되었던 절세미인 헬레네와 그리스 최고의 시인 호메로스가 전쟁이 끝난 후 바다 건너 이집트에 와서 람세스의 환대를 받으며 살게 된다는 내용이다. 호메로스는 기원전 8세기에 활동했던 인물이니 기원전 13세기에 살았던 람세스 2세가 호메로스와 만나는 장면은 도저히 있을 수 없는 일이다. 무려 5백 년의 시차가 벌어진다. 전적으로 작가의 상상력에서 비롯된 허구다.

　그러나 소실을 읽으면서 독자들은 따로 따로 입력된 기원전 13세기의 역사적 인물과 사건들이 하나로 합쳐지는 흥미로운 지적 경험을 하게 된다. 조각 그림처럼 흩어져 있던 (람세스로 대표되는) 이집트 문명, (모세로 대표되는) 히브리 문명, (호메로스로 대표되는) 그리스 문명이 한 자리에 모이면서, 아프리카 문명, 서남아시아 문명, 유럽 문명이 하나의 무대로 수렴되는 인상적인 장면이 뇌리에 깊숙이 각인되는 것이다.

4
알렉산드로스의
세계시민 정신

단 한 번도 전쟁에서 패배한 적이 없는 알렉산드로스(기원전 356~323)는 고대 영웅 누구보다도 후대 사람들의 상상력을 자극했다. 나폴레옹이 말했듯이 알렉산드로스는 역사상 가장 위대한 장군이었다. 그러나 서양 역사에서 그가 갖는 중요성은 군사적 천재성만이 아니다. 만민의 평등과 협조에 바탕을 둔 세계국가 이념이야말로 그의 업적이 지닌 진정한 역사적 의의다. 젊고 자부심에 찬 정복자가 착안한 이 정치적 비전은 그가 죽고 제국이 사라진 후에도 지속되었고, 오늘날에도 수많은 사람에게 영감을 주고 있다.

알렉산드로스는 13세 때부터 스승 아리스토텔레스의 가르침을 받았다. 감수성 예민한 사춘기의 3년 동안 그의 예리한 정신은 그리스적인 관점에 젖어들게 되었다. 아리스토텔레스는 알렉산드로스에게 모든 야만인들(그리스인이 아닌 사람), 특히 아시아인은 타고난 노예라고 가르쳤다. 이런 관점은 고대 그리스의 전형적 특징으로, 아리스토텔레스의 스승인 플라톤도 마찬가지였다. 하지만 알렉산드로스는 그리스인의 편견과 스승 아리스토텔레스의 한계를 뛰어넘은 청출어람 靑出於藍의 제자였다.

알렉산드로스는 아시아에 처음 발을 들여놓은 이후 그야말로 기상천외한 발상과 행동을 보여주었다. 알렉산드로스의 전 생애에서 이 시기에 나타난 발상과 행동을 어떻게 평가할 것인지, 그가 과연 무슨 생각을 품고 있었는지를 파악하는 것은 불가능하다. 그러나 그것들이 초래한 결과는 사상사적인 면에서 매우 중요하다. 유념해야 할 점은, 알렉산드로스도 처음에는 야만인(그리스인이 아닌 사람)에 대해 그리스적인 관점을 갖고 있었다는 사실이다. 플라톤은 모든 야만인은 날 때부터 그리스인의 적이라고 주장했고, 아리스토텔레스는 앞서 언급했듯이 모든 야만인들—특히 아시아의 야만인들—은 태어날 때부터 노예라고 말한 바 있었다.

알렉산드로스가 직면한 문제는 오리엔트적 전제주의를 그리스적 전제주의로 대치해야 하는가였다. 다시 말해서 구세계와 동일한 나라를 만들 것인가, 아니면 기존의 국가 체계와 전혀 다른 새로운 나라를 만드는가 하는 문제가 알렉산드로스의 당면 과제였다. 플루타르코스에 의하면, 알렉산드로스는 '돌려가며 마시는 큰 잔'처럼 모든 사람들을 뒤섞어 놓는 것을 왕의 임무로 여기고 있었다. 알렉산드로스는 전쟁터 등의 장소에서 야만인들과 접촉할 기회를 가지면서 그리스인이 과연 그들보다 우월한지 면밀하게 살필 수 있었다. 그리고 이러한 경험을 통해 그는 모든 사람이 본질적으로 동일하다는 확신을 가지게 되었다. 이것이 알렉산드로스가 가지고 있던 '기이한' 사상이었다. 단짝 친구인 헤파이스티온Hephaestion(기원전 ?~324)—올리버 스톤 감독의 영화 〈알렉산더〉에서 두 사람은 동성애 관계로 묘사된다—은 이 같은 그의 사상을 '기이한' 것이 아니라고 말해주었다. 알렉산드로스는 헤파이스티온이야말로 자신의 제국 건설 계획을 이해하고 받아들인 유일한 친구라고 선언했다.

기원전 329년 봄에 알렉산드로스는 힌두쿠시를 가로질러 박트리아로 진군했다. 그런데 거의 같은 무렵, 그의 주력부대인 그리스 기병대가 반란을 일으켜 본국으로 가버리고 말았다. 기병대 사령관 파르메니오를 반역 혐의로 처형한 데 대한 반발이었다. 존경하던 사령관의 죽음에 대한 기병대의 분노와 본국 귀환은 알렉산드로스 생애 최대의 위기였다. 알렉산드로스 자신도 귀환해야 할 것인지를 고민해야 하는 난처한 처지에 몰렸다. 더 이상 그리스인 또는 마케도니아인 병력을 확보할 수 없었기 때문이다. 원정이 비극적 종말을 고할 수도 있던 상황에서 그가 선택할 수 있는 길은 하나밖에 없었다. 모든 것을 운에 맡기고 아시아인 병력을 대대적으로 충원하는 것이었다. 역사상 처음 있는 일이었다.

아시아인 병력은 박트리아-소그디아나에서의 2년에 걸친 활동을 통해 알렉산드로스에게 매우 값진 존재임을 증명했다. 이 기간에는 게릴라들의 기습이 있었고, 끝없는 행군과 매복과 배신행위가 이어졌다. 부상과 질병은 알렉산드로스를 괴롭혔다. 게다가 마케도니아 귀족 장수들의 반발이 상존하고 있었다. 클레이투스 살해 사건은 이 같은 반발의 전형이었다. 연회가 벌어지던 어느 날 밤, 알렉산드로스의 친구 클레이투스는 알렉산드로스가 필리포스와 필리포스의 부하들에게 큰 은혜를 입고 있다고 조롱했다. 만취한 알렉산드로스는 분을 참지 못하고 '흑인'이라는 별명으로 불리던 죽마고우 클레이투스를 죽이고 말았다.

이 2년 동안 알렉산드로스는 생각할 여유를 가졌다. 아시아인 병력이 그토록 충성스럽다면, 이란 동부 주민의 민심을 다독이고 게릴라 전투를 종식시키기 위해 화해의 제스처를 취할 필요가 있지 않을까? 알렉산드로스는 박트리아 왕의 딸인 록사나Roxana와 결혼했다. 병사들에 의하면 그녀는 다리우스의 왕비를 빼고는 아시아에서 가장 아름다운 여인이었다. 전설은 이 일을 하나의 연애 사건으로 미화한다. 하지만 사실 그것은 정략결혼이었다. 아시아를 충실한 파트너로 삼기 위한 현실적인 노력의 시작이었다. 아시아를 파트너로 삼기 위해, 그리고 자신의 지배를 정당화하기 위해, 알렉산드로스는 죽기 한 해 전에는 다리우스의 딸인 바르시네Barsine와도 결혼했다. 알렉산드로스만이 아니었다. 이즈음 알렉산드로스의 친구들은 대부분 야만인 출신 아내를 얻었다. 그리고 1만 명에 달하는 병사들에게도 같은 선물을 나누어주었다. 그들은 원정 과정에서 이미 아시아 여성들에게 상당한 친근감을 갖고 있었다.

인종 혼합에 대한 생각을 갖고 있었다고 해서, 알렉산드로스가 계획적으로 동방을 그리스화하거나 그리스 및 마케도니아를 야만화하려는 계획을 갖고 있었던 것은 아니다. 원하는 사람은 누구나 자유롭게 종족 고유의 생활 방식을 유지할 수 있었다(그리고 그런 사람들이 압도적으로 많았다). 그러나 그와 동시에 '관습과 혈통의 혼합에 기반을 둔 새로운 생활 방식'이 확산되고 있었다. 세상을 바라보는 이러한 새로운 태도는 그의 제국을 결속시키는 힘이 되었으며, 그의 제국 건설을 추진하는 토대로 기능했다.

그는 3만 명의 원주민 청년들로 하여금 그리스어를 배우게 하고, 마케도니아 무기 사용법을 익히도록 했다. 그리고 새로운 이념이 보편적으로 실현될 것임을 증명하기 위해, 동방에서의 정복 사업을 마친 다음 서쪽으로 방향을 돌려 이탈리아 방면으로 행군을 계속했다. 이것은 그의 과대망상이 점점 심해지고 있음을 보여주는 최초의 징후였다.

그렇다면 신뢰할 수 없는 장수들의 문제는 어떻게 해결해야 하는가? 마케도니아 병력의 반발로 그 문제는 이미 드러나지 않았던가? 기병대의 반란이 일어날 정도로 심각한 사안이었던 만큼 이 문제는 신중히 처리할 필요가 있었다. 알렉산드로스는 결국 마케도니아 왕국의 오랜 전통이었던 장군들과의 '동지적 유대'를 포기하기로 결정했다. 그리고 스스로 독재자가 됨으로써 위태로운 지원 체계를 종식시키는 동시에, 만약의 경우 있을지도 모르는 음모를 미연에 방지하고자 했다. 그리스식으로 표현하자면, 그는 신이 되기로 결심한 것이다.

알렉산드로스의 계획은 당대에는 실패로 끝났다. 알렉산드로스의 기상천외한 사상—즉 세계 정복 및 자신과 국가의 관계에 대한 자리매김, 행정 및 군대에서의 야만인 활용, 도시의 건설, 하나의 공통된 문화, 개인의 신격화 등—을 돌아볼 때, 독재적인 방법 말고는 그 사상을 실현할 길이 없었을지도 모른다. 그러나 사상이란 스스로 자라나는 것이다. 죽기 한 해 전, 알렉산드로스는 소규모 폭동이 있은 후 부하들과 더불어 단합을 위한 잔치를 베풀었다. 이 자리에서 그는 제

클로드 레비 스트로스

2009년에 세상을 떠난 인류학자 클로드 레비 스트로스(1908~2009)는 '현대 문화인류학의 아버지' 이자 '구조주의' 의 창시자로 불린다. 그는 우수한 서구 문명이 미개한 원시 문명을 지배한다는 편견을 비판함으로써 '문명' 과 '야만' , '서구' 와 '비서구' 의 경계를 허물었다. 어떤 문명이나 민족도 다른 집단보다 위대한 것이 없다고 주장함으로써, 우수한 서구 문명이 미개한 원시 문화를 지배한다는 '서구우월주의' 의 편견을 비판했던 그에게서 알렉산드로스의 통찰이 느껴진다.

국 내에서의 공동 협력을, 그리고 국가 공동체—여기서는 모든 국민
이 신민臣民이 아닌 동료가 되어야 했다—내에서의 단결과 화합을 기
도했다. 그가 이 자리에서 바친 기도는 인류 정신사에서 혁명적 의미
를 갖게 된다.

　이 사상은 맨 먼저 스토아학파의 비조鼻祖 제논Zenon(기원전 335경
~263경)에 의해 채택되었다. 제논이 설파한 스토아 철학은 인류가 형
제임을 가르쳤다. 그 사상은 그 후 사도 바울로 이어졌다. 그는 자신
의 감동적인 세계관을 펼쳐 보이면서, "거기에는 그리스인도 유대인
도, 할례를 한 사람도 하지 않은 사람도, 야만인도 스구디아인도, 종
도 자유인도 없습니다"(《골로새서》 3: 11)라고 선포했다. 이런 의미에서
알렉산드로스는 21세기 지구촌 시대에 걸맞은 보편적 세계관의 기초
를 놓은 인물이라 할 수 있다.

5

어린 시절 꿈으로 트로이를
발굴해낸 하인리히 슐리만

한 편의 동화 같은 실화가 있다. 하인리히 슐리만Heinrich Schliemann
이야기다. 슐리만은 1822년 1월 6일 독일에서 시골 목사의 아들로 태
어났다. 가산을 탕진한 가난한 목사였지만 고대 역사에 많은 흥미를
가지고 있었던 소년의 아버지는 소년에게 호메로스를 비롯한 전설과
신화와 동화를 들려주었다. 소년은 전쟁에서 싸우는 영웅들의 영웅담
을 들었다. 파리스 왕자와 헬레네 왕비, 아킬레우스와 헥토르, 막강했
던 트로이 왕국이 불타버린 이야기……

소년이 일곱 살 되던 1829년, 아버지는 그에게 《그림 세계사》를 크
리스마스 선물로 줬다. 그 책에는 늙은 아버지를 등에 업은 채 아들의

손을 잡고 불길에 휩싸인 트로이 성을 빠져나와 달아나는 아이네아스의 그림이 있었다. 소년은 아이네아스 그림을 보았다. 그림에 나온 군건한 성벽과 웅장한 성문도 보았다.

"트로이가 이렇게 생겼어요?" 소년이 물었다. 아버지는 고개를 끄덕였다. "그런데 이 모든 것이 파괴되어 흔적도 없이 사라졌다고요? 그게 어디 있는지 아무도 몰라요?" 아버지가 대답했다. "그렇단다." 소년 하인리히 슐리만은 말했다. "믿을 수 없어요. 저런 튼튼한 성이 있었다면 분명 사라지지 않고 땅속에 묻혀 있을 거예요. 제가 어른이 되면 트로이를 찾겠어요. 그리고 왕의 보물도 찾을 거예요." 아버지는 그 말에 웃음을 터뜨렸다.

호메로스 이야기에 나오는 머나먼 나라를 찾아내고 그 연구에 일생을 바치겠다는 소년 시절의 꿈을 슐리만은 단 한 순간도 잊은 적이 없었다. 슐리만은 먼저 돈벌이에 나섰다. 그는 1853년 크림전쟁과 1860년대 초 미국 남북전쟁에서 무역으로 큰돈을 벌었다. 사업을 하면서도 어린 시절의 꿈을 이루기 위해 1856년 그리스어를 처음 배우기 시작해 단 6주 만에 마스터했고, 이어 라틴어·아랍어도 공부했다. 언어에 대한 열의와 재능, 뛰어난 기억력, 정열과 의지를 갖춘 덕분에 그는 8~13개 국어를 유창하게 읽고 쓸 수 있었다. 그가 얼마나 많은 언어에 능통했는지는 확실하지 않지만 러시아어와 고대 및 근대 그리스어를 자유롭게 구사했던 것만은 분명하다.

그가 손대는 사업에는 엄청난 행운이 뒤따랐다. 그는 말했다. "하늘이 내 사업에 기적과도 같은 축복을 내려주신 덕분에 1863년 말 목표를 초과하는 재산을 모았다. 그래서 가장 하고 싶었던 일을 하기 위해 사업에서 손을 뗐다." 돈은 충분히 모았으니 이제 꿈을 이룰 차례였

하인리히 슐리만
'선사 그리스 고고학의 창시자'로 불리는 하인리히 슐리만(1822~1890)은 유럽과 미국을 넘나들며 무역으로 많은 부를 축적한 후 소년 시절의 꿈을 실현하기 위해 고고학자로 변신했다. 그는 개인으로서는 가장 위대한 고고학적 업적을 남겼다.

다. 최상의 경제적 성공을 거둔 슐리만은 소년 시절 품었던 꿈을 좇기 위해 자신의 업무용 선박을 모두 불태웠다.

당시 학계는 호메로스 이야기의 역사성을 믿지 않았다. 슐리만 시대의 학자들은 호메로스가 실존인물이 아닐 것이라고 말했고, 그가 쓴 서사시 내용의 진실성을 의심했다. 심지어 신화로 치부하기도 했다. 그러나 머릿속이 온통 호메로스 이야기로 꽉 차 있던 슐리만은 호메로스와 서사시의 진실성을 절대적으로 믿었다.

1869년 그는 그리스 출신 소피아 엥가스트로메노스Sophia Engastro-menos와 결혼했다. 소피아는 슐리만이 상상 속에 그려온 헬레네 왕비처럼 아름다웠다. 소피아도 머지않아 호메로스의 나라를 찾는 일에 발 벗고 나섰으며, 힘들고 고되며 번거롭고 성가신 일을 남편과 함께 나누었다. 둘 사이에 태어난 남매의 이름은 아가멤논과 안드로마케(트로이 왕자 헥토르의 아내)로 지었다.

트로이 발굴 작업은 1870년 4월 시작되었다. 늪지대의 모기 때문에 말라리아가 창궐했고, 깨끗한 물도 부족했다. 인부들은 고분고분하지 않았고, 행정기관의 업무 처리는 굼뜨기만 했다. 호메로스 이야기의 역사성을 의심한 학자들은 그를 바보 취급했다. 하지만 그 무엇도 슐리만의 열정을 꺾지 못했다. 마침내 슐리만은 트로이가 실재했던 성이며 호메로스가 실존인물임을 밝혀냈다. 1873년 슐리만의 발굴 기사가 언론에 보도되자 유럽은 엄청난 흥분에 휩싸였다. 학자든 일반인이든 만나는 사람마다 온통 트로이 이야기였다.

그러나 정작 슐리만이 소년 시절 꿈을 키웠던 조국 독일에서는 슐리만을 인정하지 않았고 이는 슐리만에게 괴로움으로 다가왔다. 학자들은 그가 아마추어라는 이유로 공격했다. 성공한 '아웃사이더'에 대한 '전문가' 의 불신이었다. 물론 슐리만의 서툰 작업 방식으로 일부 유물이 파괴됐고, 그의 연대 확인도 대부분 오류로 판명되긴 했다. 그러나 그가 아니었더라면 우리는 '트로이 문화' 자체를 접하기 어려웠을 것이다. 아메리카를 발견한 콜럼버스도 처음에는 인도를 발견한 줄 알았다. 그렇다고 그의 업적이 줄어드는가?

물론 흠결도 있었다. 트로이에서 발굴한 중요한 유물을 오스만 튀르크의 허락 없이 자신의 조국인 독일로 반출한 것이다. 무슨 기구한 운명인지, 슐리만이 발굴한 트로이 유물은 현재 독일에 없다. 러시아 모스크바의 푸슈킨 미술관에 보관되어 있다. 2차 세계대전 막바지에 독일 베를린에 진주한 소련군이 빼돌린 것이다. '뛰는 도둑 위에 나는 도둑' 인 셈이다. 러시아는 1990년대 초반까지 트로이 유물에 대해 시치미를 뚝 떼고 존재 자체를 부인했다. 물론, 지금은 '프리아모스 컬렉션' 의 이름으로 일반에 전시 중이다. 트로이 유적지를 보려면 터키로, 트로이 유물의 진수를 보려면 러시아로 가야 한다. 터키 정부가 이 유물을 돌려받기 위해 러시아를 상대로 다각도로 노력하고 있지만, 러시아는 유물 반환에 대해 함구로 일관하고 있다. 한마디로 돌려주기 싫다는 것이다. 우리도 1866년 병인양요 때 프랑스가 약탈한 외규장각 의궤의 반환을 위해 갖은 노력을 기울인 끝에 145년 만인 2011년에 영구 반환이 아닌 '대여' 형식으로 간신히 되돌려받은 아픈 경험이 있다. 터키나 우리 입장에서 슐리만이 곱게만 보일 수 없는 대목이다.

슐리만은 만년에 귓병으로 심한 고통을 겪었다. 치료를 위해 유럽의 전문의를 찾기도 했지만 고치지 못했다. 그는 심한 괴로움 속에서 만년을 보내다가 1890년 12월 25일 나폴리의 한 광장을 가로질러가던 중 쓰러져 다음날 죽었다. 그리스를 사랑한 이 몽상가의 장례식은 그리스 국왕과 각료들, 각국 외교 사절, 그리스 학계 인사들이 참석한 가운데 아테네에서 치러졌다. 그들은 호메로스의 흉상 앞에서 그리스를 사랑했던, 고대 그리스에 대한 지식을 1천 년이나 확장시킨 한 남자에게 고마움을 표했다. 흠결이 없지 않지만 꿈을 이루고자 분투한 슐리만의 삶은 아름답다. 모쪼록 이 나라의 청년들도 젊은 날의 꿈을 길이 간직하길.

6

패자도 동화시킨
로마인의 정치적 지혜

세계제국 로마는 작은 도시국가에서 시작했다. 전설에 의하면 기원전 13세기 트로이 왕 프리아모스의 사위인 아이네아스는 트로이 멸망 후 일족을 이끌고 탈출, 천신만고 끝에 로마 근처의 해안에 상륙했다. 그 후 수백 년이 지나 아이네아스의 후손인 쌍둥이 형제 로물루스와 레무스가 등장한다. 로물루스는 동생 레무스를 죽이고 기원전 753년 자신의 이름을 따 로마왕국을 건국했다.

라틴족으로 출발한 로마왕국과 맨 처음 갈등을 빚은 것은 인근의 사비니족이었다. 로마는 네 번의 전투에서 모두 승리했지만 결코 사비니족을 강제로 합병하지 않았다. 사비니족의 왕과 로물루스가 공동으로 왕이 된 것이다. 결국 로마는 두 명의 왕을 모시게 되었다. 사비니족의 자유민에게는 로마인과 똑같은 완전한 시민권이 부여되었다. 패자인 사비니족으로서는 마다할 이유가 전혀 없는 대등한 합병이었다.

로마는 건국 초기부터 다민족국가였다. 인근의 에트루리아 공동체에서 살다가 에트루리아 사회의 폐쇄성에 실망하고 새로운 거주지로 로마를 선택하는 에트루리아인이 적지 않았다. 로마에서는 정착할 마음만 있으면 누구나 시민권을 얻을 수 있다는 것이 주변에 널리 알려져 있었기 때문이다. 로마는 이를테면 '기회의 땅'이었다. 로마의 '관용'은 공화정·제정으로 이행된 뒤에도 계속 유지되었다. 1790년 미국 헌법의 기초자 중 한 사람인 제임스 윌슨은 이렇게 말했다. '로마인은 자국의 힘을 전 세계로 확장하려 하지 않았다. 세계의 주민들이 자진해서 로마로 쏟아져 들어왔다.' 관용이야말로 로마가 뻗어나갈 수 있었던 비결이라는 것이다.

제1대 왕 로물루스의 뒤를 이은 제2대 왕은 사비니족이었다. 제3대 왕은 라틴계, 제4대 왕은 사비니족, 그리고 제5대, 6대, 7대 왕은 에트루리아인이었다(일곱 왕 중 라틴계는 둘뿐이었다!). 마지막 왕인 제7대 왕 타르퀴니우스 수페르부스는 '거만한 타르퀴니우스'로 불릴 정도로 시민들의 원성을 산 나머지 쫓겨나고 만다. 그 결과 기원전 509년 로마는 공화정으로 이행했다.

왕을 추방한 로마인들은 앞으로 어떤 인물도 왕위에 오르는 것을 허용하지 않겠다고 맹세한다. 왕정에 대한 뿌리 깊은 반감이 형성되었다. 해마다 민회—로마 시민권을 가진 사람이라면 누구나 참가할 수 있다—에서 왕을 대신할 국가 최고지도자로 집정관 2명을 선출하는 제도를 창설했다. 2명의 집정관을 둔 것은 개인의 전횡을 막기 위

로물루스와 레무스

트로이 전쟁의 영웅 아이네아스의 후손은 로마의 남동쪽에 위치한 알바롱가Alba longa 지역에 정착해 살았다. 전설에 따르면 로물루스와 레무스는 알바롱가의 왕인 누미토르의 딸 레아 실비아가 낳은 쌍둥이 아들들이다. 누미토르는 동생 아물리우스에게 왕위를 빼앗겼는데 아물리우스는 조카딸 레아가 장차 왕위를 요구할 수 있는 아들을 낳지 못하도록 레아에게 베스타의 제녀祭女가 되어 순결을 맹세하라고 강요했다. 그러나 레아는 전쟁의 신 마르스와 관계하여 쌍둥이 형제를 낳았다. 아물리우스는 갓난아기들을 테베레 강에 빠뜨려 죽이라고 명령했다. 아이들을 실은 바구니는 얼마 후 강가로 떠밀려 멈춰섰다. 때마침 근처에서 서성거리던 늑대 어미는 칭얼거리는 아이들에게 젖을 물렸다. 늑대 젖을 먹고 자란 쌍둥이를 목자 파우스툴루스와 그의 아내 아카 라렌티아가 발견해 키웠다고 한다.

한 제도였다. 하지만 집정관의 임기가 1년밖에 안 됐기 때문에 안정성이 문제가 될 소지가 있었다. 이를 해결하기 위해 왕정 시대부터 있었던 원로원이 강화되었다. 이렇게 해서 집정관, 민회, 원로원으로 이루어진 권력의 삼각체제가 구축되었다.

로마가 공화정을 본격 가동하던 기원전 5세기 무렵 그리스는 폴리스 문명을 꽃피우고 있었다. 아테네가 민주주의의 절정을 맞이한 것도 기원전 5세기였다. 흥미로운 것은 로마와 아테네가 사회의 개방성이라는 점에서 중요한 차이를 보이고 있었다는 사실이다.

아테네에서는 아무리 무식해도 시민권만 있으면 권리를 완벽하게 인정받았지만, 시민권을 갖지 못한 사람은 참정권을 철저히 봉쇄당했다. 아테네에 거주하던 비非시민은 외국인과 노예였다. 당시 아테네에는 이런저런 업무로 외국인이 살고 있었는데 이들은 대부분 같은 그리스인이었다. 그러나 아테네 출신이 아니라는 이유로 차별대우를 받고 있었다.

아테네에서는 부모 가운데 적어도 한 사람이 아테네 시민이어야만 시민권을 가질 수 있었다. 페리클레스 시대에 이르면 더욱 배타적으로 바뀌어 부모 모두 아테네 태생이 아니면 시민권을 가질 자격이 없었다. 아무리 오래 아테네에서 살아도, 아니 아테네에서 태어나 아테네에서 죽어도, 외국인은 시민권을 얻을 수 없었다. 아테네만 그런 것이 아니었다. 그리스의 폴리스 사회 전체가 그랬다. 그만큼 그리스는 배타적이었다.

로마는 그리스와는 다른 길을 걸었다. 이미 왕정 시대부터 피정복자에게도 로마 시민과 동등한 권리를 부여했다. 그리스인 플루타르코스는, "패자마저 자기들에게 동화시키는 이 방식만큼 로마를 강대국으로 만든 요인은 없다"고 말했다. 외국인에게 자국인과 똑같은 세금을 물리면서도 피선거권은커녕 선거권마저 인정치 않는 나라가 오늘날에도 드물지 않음을 생각할 때, 2,500년 전 로마의 정치적 선택은 대단히 비범하고도 경이로운 것이다.

그리스와 로마의 차이는 노예에 대한 처우에서도 찾을 수 있다. 그리스의 노예는 극히 드문 경우를 제외하고는 노예 상태로 평생을 보내야 했다. 그러나 로마에는 해방노예라는 제도가 있었다. 저축한 돈으로 자유를 사거나 오랫동안 노예로 일한 뒤 퇴직금처럼 자유를 얻는 제도다. 자유를 얻은 노예는 해방노예라고 불렸지만, 그 자식 대에 이르면 로마의 자유민과 똑같은 시민권을 획득할 수 있었다(영화 〈글래디에이터〉에서 막시무스를 검투사로 거느렸던 노예 상인 프록시모가 해방노예다).

식민 활동에서도 그리스와 로마는 현저한 차이를 보였다. 로마가 식민지와 모국 사이에 긴밀하고 유기적인 관계를 성립시킨 데 반해, 그리스 식민지들은 모국과의 관계가 소원했다. 이는 나폴리에서 극명하게 드러난다. 나폴리는 아테네인이 건설한 식민도시였다. 나폴리라는 이름도 그리스어로 '새로운 폴리스'를 뜻하는 '네아폴리스'에서 유래되었다. 그런데 이 나폴리는 고대에도 아테네적인 면을 전혀 찾아볼 수 없었다. 모국과 거의 관계를 갖지 않고 발전한 도시였기 때문이다.

장화처럼 생긴 이탈리아 반도 남쪽, 구두 뒤축에서 발바닥으로 구부러지는 곳에 타란토라는 도시가 있다. 이 도시는 기원전 8세기에 스파르타인이 세운 식민도시 타렌툼에 기원을 두고 있다. 그러나 이 도시에는 고대에도 스파르타를 연상시키는 것은 전혀 없었다. 시칠리아 섬 동부의 시라쿠사는 코린트에서 이주해온 그리스인들이 건설한 식민도시 시라쿠사이에 기원을 두고 있다. 하지만 고대의 시라쿠사이는 모국인 코린트와는 별로 관계가 없었다.

그리스와 달리 로마의 대외관계의 기본 원칙은 패자까지 동화시키는 것이었고, 그것은 로물루스 이래 로마인의 특징이었다. 이를 기반으로 기원전 4세기에 역사가 토인비가 말한 '정치건축의 걸작'이 빚어졌다. '로마 연합'이었다.

로마인은 타국과의 동맹관계를 그 나라와 로마 사이에만 한정시켰다. 로마 연합에서는 로마와 가맹국 사이에만 협정이 맺어지고 가맹국들 사이의 횡적인 협정은 허용되지 않았다. 가맹국들 사이에 문제가 생길 경우 당사국끼리 해결하는 것은 허용되지 않았고, 반드시 로마의 중재를 거쳐야만 했다. 이것이 저 유명한 '분할지배Divide and Rule' 정책이다.

로마 연합은 분명 패자에게 강요된 불평등한 동맹관계였다. 그러나 우리는 그 시대가 패자의 재산을 몰수하고 노예로 삼는 것이 당연시되었던 때임을 잊어서는 안 된다. 로마인이 도입한 이 방식은 당대를 기준으로 보면 오히려 이례적으로 관대한 것이었고 놀랍도록 포용적인 것이었다. 로마는 패자를 예속시키기보다는 '공동경영자'로 삼는 전략을 채택했다. 민족·종교·인종·피부색이 다른 상대를 포용하여 자신에게 동화시켜버린 로마인의 개방성, 그것이 바로 로마인의 정체성이었다.

학자들은 외국인과 이주민의 증가와 더불어 앞으로 우리 사회가 인종적·민족적·문화적으로 더욱 다양해질 것으로 전망한다. 한국 사회가 포용하지 못할 경우 이들은 하층계층을 형성하고 사회불안을 가중

시킬 가능성이 높다. 이들로 하여금 한국 사회의 기회구조에 공평하게 참여하고 한국인으로서 소속감을 갖게 하는 것은 우리 사회 발전의 중요한 조건이다. 생존을 위해서라도 관용을 배울 필요가 있는 것이다.

하지만 우리 현실은 어떤가. '동족' 끼리도 이념(남북 대립)과 지역(동서 대립)으로 편을 갈라 서로 용납하지 못한다. 이 같은 상황에서 쉽사리 '이민족'에 대한 관용을 배울 수 있을지 걱정이다.

한니발의 계산착오

기원전 218년 5월 한니발은 코끼리부대를 포함한 대군을 이끌고 에스파냐 남부 해안 카르타고 세력의 거점인 카르타헤나를 떠났다. 2차 포에니전쟁이 시작된 것이다. 그는 피레네 산맥을 넘고 프랑스 남부를 지난 다음 알프스 산맥을 넘어 이탈리아로 진격했다. 한니발에게는 이렇게 먼 길을 돌아가지 않으면 안 될 피치 못할 사정이 있었다.

기원전 264년에서 241년까지 23년간 지속된 1차 포에니전쟁에서 카르타고는 400년 동안 쌓아올린 시칠리아 섬에 대한 기득권을 송두리째 상실했다. 그것은 지중해 서쪽 바다에 대한 제해권을 잃는 것이기도 했다. 로마 해군이 지중해 제해권을 장악한 기원전 218년의 시점에서 로마의 방어선은 동쪽, 서쪽, 남쪽이 모두 철벽이었다. 남은 길은 북쪽뿐이었다.

한니발의 이 '알프스 넘기'는 모험이기는 했지만 무모한 것은 아니었다. 냉철한 계산을 토대로 실행되었다는 말이다. 프랑스 남부 지역은 아직 로마의 지배권 아래 들어가 있지 않았다. 이탈리아 북부 지방은 로마의 방어선에 포함되어 있기는 했지만 아직 확고한 방어선이 구축되지 못한 상태였다. 이탈리아 북부에 사는 갈리아인과 프랑스 남부에 사는 갈리아인은 평소 가축 따위를 이끌고 알프스를 넘어 왕래하고 있었다. 알프스를 넘는 것은 희생이 따르기는 하겠지만 당시 로마인이 생각하던 것처럼 불가능한 일은 아니라는 것이 한니발의 판단이었다.

아무리 군사 천재라지만 원정 출발 시 한니발의 나이는 겨우 29세였다. 이탈리아에 쳐들어갔을 때 한니발의 병력은 2만 6천 명이었다. 이에 비해 이탈리아는 동원 가능 병력이 무려 75만 명이다. 숫자로만 보면 무모한 모험을 감행한 미치광이에 지나지 않는다.

그러나 한니발에게는 복안이 있었다. 그는 1차 포에니전쟁에서 카르타고가 패배한 최대 요인인 '로마 연합'의 굳은 결속을 무너뜨릴 작정이었다. '로마 연합'을 무너뜨리는 데 성공하기만 하면 더 이상 75만 대 2만 6천의 싸움이 아니었다. 한니발이 알프스를 넘으면서까지 이탈리아 반도를 전쟁터로 만드는 데 집착한 것은 동맹국의 로마 이반을 유발하기 위해서였다.

한니발은 로마 도시를 공격하기보다는 우선 도시를 둘러싸고 있는 '바깥 해자'를 메우고자 했다. 전투를 치른 후에는 포로들 가운데 로마 시민병만 잡아두고, 동맹 도시 출신 병사들은 석방했다. 적은 오직

한니발

적진 깊숙이 침투했을 때는 '머리'를 쳐서 적진을 와해시키는 것이 정석이다. 하지만 한니발Hannibal (기원전 247~183)은 연승을 거두면서도 로마 시로 진격하지 않았다. 이탈리아 반도를 빙빙 돌며 17년을 보냈다. 왜 그랬을까? 소수 병력의 한계를 잘 알고 있던 한니발이 로마 연합 소속 동맹 도시들의 이탈을 기대했기 때문이라는 추측이 가장 유력하다. 한니발은 로마가 이탈리아를 통일한지 얼마 되지 않았고, 많은 도시들은 단지 로마의 힘에 굴복했을 뿐이라고 생각했다. 따라서 로마군의 세력이 약화되면 반란을 일으킬 도시가 많을 것이며, 그러면 로마는 저절로 멸망하리라고 판단한 것으로 보인다. 하지만 의외로 로마 연합은 견고했고, 두 세 도시를 제외하고는 한니발에게 끝까지 항전했다.

로마일 뿐, 동맹 도시에는 아무런 적의가 없다는 것을 널리 알리려는 의도에서였다. 로마 연합이 해체되기만을 기다리고 있었던 것이다.

적이 수도를 공격할 위험은 적어졌지만 방위 태세를 다시 확립할 필요가 있던 로마는 독재관을 옹립하기로 결정했다. 파비우스 막시무스Fabius Maximus가 6개월이라는 짧은 기간이나마 전권을 한손에 틀어쥘 독재관으로 정해졌다. 독재관으로 취임한 파비우스가 취한 전략은 단 하나, 한니발과는 전쟁을 벌이지 않는다는 것뿐이었다. 지금까지 한니발과 싸운 집정관들은 모두 패배를 맛보았다. 파비우스는 자기가 나선다고 이길 수 있으리라고 생각지 않았다. 그리고 로마의 장군 가운데 한니발을 이길 수 있는 사람은 지금 상황에서는 아무도 없다고 생각했다.

그런 한니발에게 지지 않으려면 아예 싸우지 않으면 된다, 그것이 파비우스의 전략이었다. 그는 이탈리아 남부 지방을 제멋대로 휩쓸고 다니는 적군의 뒤를 바싹 쫓되 한니발이 싸움을 걸어와도 절대 응하지 않았다. 그러면서 적군이 지치기를 기다릴 작정이었다. 이 같은 전략 탓에 파비우스에게는 '지연전술주의자'(쿵크타토르Cunctator)라는 별명이 붙었다. 쿵크타토르는 처음에는 비하하는 의미를 내포한 '굼뜬 사내'라는 뜻이었다. 지연전술주의자라는 의미를 얻게 된 것은 훗날의 일이다.

파비우스 시대로부터 2천 년의 세월이 흐른 뒤인 1884년, 영국에는 사회주의를 표방한 '페이비언 협회Fabian Society'라는 조직이 창립되었다. 이 협회의 창립자는 스코틀랜드 출신의 철학자 토머스 데이비드슨이었고, 회원으로는 조지 버나드 쇼, 시드니 웹 등이 활약했다. 조직의 목적은 영국에 민주적인 사회주의 국가를 건설하는 것이었다.

독자들이 이미 눈치 챘겠지만, 페이비언 협회라는 이름은 로마 장군 파비우스에게서 따온 것이다. 파비우스가 취한 전략처럼 페이비언 협회 회원들이 혁명보다는 점진적인 사회주의 건설을 신봉했기 때문이다(페이비언 협회는 '노동대표위원회'라는 별도 조직을 지원하기도 했는데, 이 조직이 1906년 노동당으로 개편되어 오늘에 이르고 있다).

당시 상황을 고려했을 때 파비우스가 택한 전략은 적절하고 효과적인 것이었다. 하지만 그 때문에 치러야 했던 희생은 매우 컸다. 로마를 제외한 다른 이탈리아 도시들이 한니발의 손에 떨어지더라도 그대로 둘 수밖에 없었던 것이다. 로마 연합군에는 로마 시민 외에 이탈리아 내 동맹 도시 시민도 참전하고 있었는데, 그들로서는 자기네 도시가 약탈당하고 불타고 있는데도 그 앞에서 그저 팔짱만 끼고 지켜보는 꼴이었다.

그렇다고 한니발에게 특별히 유리한 것도 없었다. 로마 시를 제외한 대부분의 이탈리아 지역을 약탈과 화공으로 괴롭혀 로마의 열세를 보여주고 동맹 도시 출신 병사들에게만 온정을 베풀어 고국으로 돌려보냈건만, '로마 연합' 가맹국들 가운데 로마를 버리고 한니발에게 달려온 도시는 거의 없었다.

로마의 역사가 리비우스에 의하면, 한니발에 의해 로마가 포위되었을 때, 로마 시내에서는 한니발의 군대가 주둔하고 있는 지역의 토지가 전혀 깎이지 않은 가격에 거래되었다고 한다. 로마를 포위한 한니발은 카르타고 군대의 사령부가 주둔하고 있는 지역의 땅값마저도 전혀 하락하지 않은 채 거래될 정도로 로마인의 사기가 여전한 것을 보고 크게 낙담하지 않을 수 없었다. 역사가 토인비의 말처럼 로마 연합이 정치건축의 걸작임이 입증된 것이다.

이탈리아에서 한니발 세력이 더 이상 뻗어나가지 못하게 되자, 로마는 집정관 파비우스를 북아프리카로 보내 카르타고를 공격토록 했다. 결국 위험에 빠진 본국을 지원하기 위해 한니발은 기원전 203년에 이탈리아를 포기하고 카르타고로 돌아갔다. 자마 전투에서 패배한 후 소아시아로 도피한 한니발은 기원전 183년경 비시니아의 리비사라는 마을에서 독약을 먹고 자살했다. 로마 연합의 승리였다.

21세기 대한민국, 참 많이 싸운다. 내편 아니면 모두 적이다. 관용과 포용을 바탕으로 한 로마의 견고한 정치적 결속력에서 배울 것이 많아 보인다.

'철인哲人 황제'
마르쿠스 아우렐리우스

2001년 아카데미 5개 부문 수상작인 영화 〈글래디에이터〉 마지막 부분에는 로마 황제 마르쿠스 아우렐리우스(121~180)의 망나니 아들 코모두스가 반란에 실패한 막시무스(러셀 크로 분)와 대화하는 장면이 나온다. 쇠사슬에 묶인 막시무스는 두려워하는 기색 없이 코모두스에게 말한다. "내가 아는 어떤 사람은 '죽음이 우리에게 미소 짓고 다가오면 미소로 답하라'고 말했지." 그러자 코모두스는 "그 친구도 죽을 때 웃었는지 궁금하군"이라며 '그 친구'와 막시무스를 비웃는다. 그러자 막시무스는 '그 친구'가 바로 코모두스의 아버지라고 알려준다.

영화 마지막 장면에서 막시무스는 입가에 희미한 미소를 지으면서

〈글래디에이터〉의 한 장면

영화 〈글래디에이터〉에서 반란에 실패한 막시무스가 황제 코모두스와 대화를 나누는 장면. 대화 직후 두 사람은 로마 군중 앞에서 검투경기를 벌인다.

죽음을 맞는다. 막시무스야말로 마르쿠스 아우렐리우스의 철학을 온몸으로 실천한 '진정한 아들'임을 보여주는 장면이다. 물론 영화 속 막시무스는 가공의 인물이고 그와 코모두스가 나눈 대화도 지어낸 이야기다. 하지만 마르쿠스 아우렐리우스가 '죽음이 우리에게 미소 짓고 다가오면 미소로 답하라'는 취지의 말을 남긴 것은 사실이다.

180년 3월 17일 사망한 마르쿠스 아우렐리우스는 스토아 철학자였다. 그는 죽음을 기뻐하라고 말한다. 죽음을 자연의 한 과정으로 기다리는 것이 이성을 가진 인간에게 맞는 태도라는 것이다. "지나온 날을 헤아리지 말며, 그 짧음을 한탄하지 말라. 너를 여기 데려 온 것은 자연이다. 그러니 가라. 배우가 연출가의 명에 따라 무대를 떠나듯이. 아직 연극의 5막을 다 끝내지 못했다고 말하는가? 그러나 인생에서는 3막으로 극이 끝나는 수가 있다. 그것은 작가의 소관이지 네가 관여할 일은 아니다." 인생의 종말이 언제 오건 평정을 잃지 말고 기쁨으로 죽음을 맞이하라는 당부다.

스토아 철학은 알렉산드로스 대왕이 거대 제국을 건설하면서 도시국가(폴리스)라는 자족적 활동공간을 빼앗기게 된 개인들이 새로운 사회 환경에 적응해나가는 과정에서 발전시킨 여러 대응 방안 가운데 하나였다. 거대 제국과 상대적으로 왜소해진 개인의 불균형을 극복하기 위해서는 인간을 더 중요시하거나 세계를 덜 중요시하는 방법이 있었다.

첫 번째 방법을 택한 것이 스토아학파이고, 두 번째 방법을 택한 것이 에피쿠로스학파다. 에피쿠로스학파는 철저한 유물론 신봉자들로, 세계는 원자原子들의 우연한 결합 외에 아무것도 아니라고 믿었다. 거기에는 계획도 섭리도 없다. 신들이 존재하기는 하지만, 그들 역시 원자들의 우연한 결합으로 인간과는 아무런 관계도 없다. 죽음은 원자들의 이산離散일 따름이다. 따라서 인간은 고통에서 벗어나기 위해 자력自力으로 행복, 즉 쾌락을 추구해야 하지만, 자신의 부동심不動心(ataraxia)을 훼손할 정도로 추구해서는 안 된다. 에피쿠로스학파는 개인의 자유를 철저히 주장한 까닭에 사회 지배계층 및 다른 학파—이를테면 스토아학파—에 의해 매도당하기도 했다. 후세 사람들이 에피쿠로스학파에 대해 부정적인 편견을 갖게 된 것은 이들 탓이 크다.

에피쿠로스학파의 우주가 무정부적이라면 스토아학파의 우주는 질서정연하다. 스토아학파에게 우주 또는 자연은 이성에 의해 지배되며, 이성은 신이나 운명 또는 섭리와 같은 것이다. 어떤 일이건 그것은 신적인 이성, 사물의 본성本性에 맞게 일어난다. 이런 진리를 알고 있는 현인이 추구해야 할 일은, 무슨 일이 일어나든 기꺼이 받아들이고 꿋꿋하게 참고 견디는 것이다. '자연에 맞게' 오늘의 현실을 충실하게 사는 것이다. 그 밖의 외적인 가치들은 중요하지 않다. 현인은 그것들을 하나도 갖고 있지 않아도 행복한 반면, 왕은 아무리 많이 갖고 있어도 현인이 아닌 한 행복하지 못하기 때문이다.

스토아 철학은 변화를 추구하면서도 그것을 사회 개혁이 아닌 개인의 자아 완성으로, 또 개인의 자아 완성은 도덕적 수양으로 한정하고 있다. 그리고 행복과 불행은 현실 그 자체보다는 현실에 대한 의견이 결정하는 것으로 본다. 스토아학파와 에피쿠로스학파는 다 같이 행복을 추구한다. 하지만 에피쿠로스학파가 '쾌락'에서 행복을 기대한 것과 달리 스토아학파는 '지혜'를 통해 행복을 추구한다. 그들은 모두 감정을 억제하고 용기 있게 죽음을 맞이한 소크라테스의 지혜를 귀감으로 삼는다. 에피쿠로스가 개인의 철저한 자유를 주장한 것과 달리,

마르쿠스 아우렐리우스 기마상

기독교도들은 우상숭배라는 이유로 대부분의 로마 기마상을 파괴했다. 하지만 마르쿠스 아우렐리우스의 기마상은 최초의 기독교도 황제인 콘스탄티누스의 조각상으로 오인하고 내버려두었다. 덕분에 이 기마상은 고대 세계에서 살아남은 몇 안 되는 조각 작품 중 하나가 될 수 있었다. 이 조각상은 2세기부터 로마 시내에 세워져 있었으나 1980년 공해를 피해 실내로 옮겨졌다.

스토아 철학은 개인주의적 성향을 띠면서도 공동체에 대한 봉사와 의무를 권장한다. 이런 경향 때문에 로마인들은 스토아 철학에 공감하게 되었다.

기원전 300년에서 서기 200년까지 500년가량 서양 철학사에 큰 영향을 끼친 스토아 철학은, 소크라테스가 몸소 실천한 철인의 삶에 크게 감동한 키프로스 섬 출신 제논Zenon에 의해 창시되었다. 그는 기원전 311년경 아테네로 건너가 자신의 철학을 강의했다. 그러나 학교 부지를 구입할 재원이 없어 '아고라agora' 라고 부르는 중앙 광장에 있는 '채색 주랑Stoa Poikile' 에서 강의를 했고, 이 때문에 그의 제자 집단은 스토아학파로 불렸다.

스토아학파의 목표는 '자연과 일치된 삶' 으로, 어느 누구에 의해서도, 어떤 일에도 빼앗기지 않는 행복을 얻는 힘을 획득하는 것이었다. 이 사상은 죽음을 태어남과 마찬가지로 지극히 당연한 것으로 받아들이라고 권한다. 죽음을 두렵게 생각하는 그 생각 때문에 죽음이 두려운 것이지, 죽음 자체가 두려운 것은 아니라는 뜻이다.

스토아 철학은 제논과 클레안테스Kleanthes에 이어 이론적 토대를 완성한 크리시포스Chrysippos가 주도한 전기 스토아 철학, 로마의 지식인들이 받아들일 수 있도록 스토아 철학의 완벽주의적 요구를 완화한 파나이티오스Panaitios · 포세이도니오스Poseidonios · 헤카톤Hekaton이 이끌던 중기 스토아 철학, 그리고 로마적 절충주의를 표방한 세네카Seneca · 에픽테토스Epiktetos · 마르쿠스 아우렐리우스가 주도한 후기 스토아 철학으로 나뉜다.

노예를 '살아 있는 도구' 로 간주하던 고대 세계에서 마르쿠스 아우렐리우스가 노예 출신 스토아 철학자 에픽테토스(55~135)를 평생토록 스승으로 흠모했다는 사실은 놀랍다. 마르쿠스 아우렐리우스는 에 픽테토스에게 세상 사람들이 모두 형제라는 만민평등사상을 배웠다. 스토아 철학이 로마법, 특히 만민법의 기초가 된 것은 이런 연유에서 다. 로마법은 그 후 유럽 각국에 영향을 미쳤고, 20세기에 들어 우리 법체계에도 그 영향이 지속되고 있다. 마르쿠스 아우렐리우스의 '지 혜'와 '만민평등의 휴머니즘'은 우리 시대에도 여전히 빛을 잃지 않 고 있다.

'반달리즘' 과 피맛골

서기 455년 6월 2일, 북아프리카에 독립 왕국을 건설한 게르만족 일 파인 반달족Vandals이 지중해를 건너 로마를 침공해 무자비한 약탈과 파괴를 자행했다. 이 사건으로 '고의 또는 무지에 의해 예술품이나 공공시설을 훼손하거나 약탈하는 행위' 란 뜻의 '반달리즘Vandalism' 이라는 단어가 생겼다. 반달리즘의 대표적 사례로는, 2001년 아프가니스탄의 탈레반 군사정권이 이슬람 문화에 반한다는 이유로 세계적 문화유산인 '바미얀 석불' 을 로켓포로 산산조각 낸 행위, 2008년 2월의 숭례문(남대문) 방화사건 등을 꼽을 수 있다.

반달족은 원래 스칸디나비아에서 살다가 독일·프랑스·스페인을 거친 뒤 지브롤터 해협을 건너 북아프리카에 정착했다. '반달리즘'이라는 말은 프랑스 주교 앙리 그레과르(1750~1831)가 프랑스혁명 당시 과격파인 자코뱅당이 자행한 파괴 활동을 반달족이 저질렀다고 전해진 범죄행위와 비교할 때 처음으로 사용되었다.

그러나 '반달리즘'이라는 말 자체에 반달리즘이 내포되어 있음을 유념해야 한다. 5세기의 반달족은 이미 로마 문화의 우수성을 인정하여 로마 문화를 받아들이고 있었다. 그들은 북아프리카에서 자신들의 고유 언어를 포기하고 라틴어를 채택했는가 하면 문학·신학에도 관심을 보였다. 이런 반달족이 정말 로마의 예술품과 공공시설을 무자비하게 파괴했을까? 파괴 행위가 있었다 해도 그것은 극히 일부에 지나지 않았다.

오히려 고대 로마의 문화와 예술품은 로마제국 말기의 노예나 빈곤층, 그리고 후대의 이탈리아 예술가와 로마의 보통 사람들이 더 많이 파괴했다. 르네상스 시대에 있었던 '새로운 로마' 건설 과정을 살펴보자. 당시 고대 그리스 양식을 흉내 내려고 할 경우 가장 쉬운 방법은 로마 시에 있던 오래된 건축물에서 기둥 등을 가져다가 몇 군데 손을 보는 것이었다. '새로운 로마'를 만들기 위해 그런 식으로 '옛 로마'를 파괴한 이는 로마인들 자신이었다. 물론 미켈란젤로 같은 일부 예술가들이 그러한 행위를 비난하기도 했지만 대개 무시를 당하기 일쑤였다.

533년 동로마제국 유스티니아누스 황제의 휘하 장군 벨리사리우스는 북아프리카에 상륙해 두 주일 만에 수도 카르타고를 함락했고, 1년이 못 되어 반달족의 흔적을 깡그리 없애버렸다. 수많은 반달족 구성원은 동로마제국 군대의 일원으로 편입되었다. 이로써 거대한 인종

바미얀 불상의 파괴 전과 후 모습

바미얀 불상은 아프가니스탄 바미안 주의 힌두쿠시 산맥 절벽 한 면을 파서 세워졌다. 6세기경 그리스 조형 미술의 영향을 받은 간다라 양식으로 만들어진 이 석불은 혜초의 《왕오천축국전》에도 간략히 언급되어 있다. 2001년 3월 8일과 3월 9일 이슬람 국가를 포함한 국제사회의 반대에도 불구하고 이슬람 원리주의를 내세운 탈레반 정권에 의해 '우상숭배'라는 이유로 로켓탄으로 무참히 파괴되어 현재는 흔적만 남아 있다. 반달리즘의 전형이라 할 수 있다.

도가니가 될 동로마제국에 한 종족이 추가되었다. 반달족은 억울하게도 실제와 동떨어진 나쁜 평판만을 후대에 남긴 채 역사 무대에서 사라졌다.

우리 역시 제국 말기의 로마인들처럼 '새로운 서울'을 만들기 위해 '역사 도시 서울'을 무분별하게 파괴하는 만행을 저지르고 있다. 2000년대 초, 서울 종로 교보생명 건물 동쪽 지역이 재개발이라는 미명하에 대대적으로 철거되었다. 당시 가장 논란이 되었던 것은 서민들이 즐겨 찾던 '피맛골'이었다. 교보문고 후문에서 지하철 종각역까지 뻗어 있던 피맛골이 철거됨에 따라, 서민의 사랑을 받던 빈대떡, 해장국, 생선구이 집들이 사라졌고, 많은 사람이 이를 안타까워했다.

피맛골이라는 말은 '피마避馬'에서 유래한다. '말을 피해 다니던 골목'이라는 의미다. 조선 시대 종로 일대 거리에는 영의정, 대감 등 고위층의 행렬이 빈번했다. 거리를 지나던 양민들은 말 탄 벼슬아치들이 지나갈 때까지 거리 양편에서 무릎을 꿇고 고개를 숙인 채 기다려야 했다. 시간을 엄청 잡아먹고 더없이 번거로운 일이었다. 그래서 양민들은 그 꼴을 보지 않기 위해 종로 뒤편 골목으로 다녔다. 그러다 보니 그들이 다니는 뒷골목에 주막이 생기고 온갖 잡동사니를 파는 노점상과 소리꾼 등이 모여들면서 서민문화가 화려하게 꽃을 피웠다.

조선 시대부터 서민의 애환이 서린 청진동 166번지 피맛골은 1983년 도심 재개발 지역으로 지정된 이래 수차례에 걸쳐 재개발이 시도되었다. 그리고 그때마다 지역 상인과 문학·예술인, 정치인 등의 반발에 부딪혀 사업은 번번이 미뤄졌다. 하지만 2003년 이명박 당시 서울시장은 결국 피맛골을 철거하고 거대한 오피스 건물을 건설하는 계획을 밀어붙였다. '새로운 로마'를 만든다며 '옛 로마'를 파괴한 로마인들 자신처럼 말이다.

종로 피맛골은 한국전쟁 중에도 훼손되지 않고 살아남은 거리다. 1950년 인천상륙작전을 이끈 유엔군 사령관 맥아더 장군은 서울을 수복하기 위해 종로를 포함한 서울시 전 지역에 대한 폭격을 계획했다. 이에 당시 주일 공사였던 김용주는 경복궁, 덕수궁 등 주요 고궁과 4대문만큼은 문화적 가치가 크므로 폭격을 자제해줄 것을 요청했다. 다행히도 맥아더 장군이 이를 받아들이면서 종로 거리는 폭격을 피할 수 있었다.

이처럼 한국전쟁에서도 기적처럼 살아남은 피맛골은 세월이 흘러 정치인과 건설업자들에 의해 어디서나 볼 수 있는 흔해빠진 상업 시설로 변하고 말았다. 미국인 문화비평가 스콧 버거슨은 이에 대해 '피맛골에 대한 강간'이라고 분개하며 신랄한 비판을 가했다. "한국인이 생각하는 외국 관광객 유치를 위한 최상의 방법은 피맛골과 같은 역사적인 랜드 마크를 파괴하고 서구에서도 볼 수 있는 똑같은 모양의 영혼 없는 현대적 고층 건물을 세우는 것으로 보인다. 역사적 랜드 마크를 부수고 현대적 고층 건물을 세우는 것이 외국 관광객들을 떼로 불러들이는 확실한 방법이라고 여기는 것 같다."

과거 피맛골에 있었던 '청일집', '청진옥', '미진' 등 유명 맛집들은 새로 지어올린 르메이에르 건물 1층에 자리하고 있다. 하지만 이 맛집들은, 간판에 적힌 설립연도를 꼼꼼히 찾아 읽지 않으면 주변에 흔하게 널린 식당들과 어떤 차이점이 있는지 알아낼 수 없다. 이뿐만이 아니다. 이들 맛집 외에 다른 많은 음식점들은 건물 유지비에 부담

재개발되기 전의 피맛골과 재개발된 후의 피맛골
피맛골 개발 또한 우리 시대에 저질러진 또 하나의 반달리즘이다.

을 느끼고 떠났는지 피맛골에서 더 이상 찾을 수 없게 되었다. 이렇게 종로 피맛골은 과거의 흔적과 장소성, 그리고 그만의 맛을 상실한 채 일그러진 모습으로 우리 앞에 서 있다. 개발이라는 미명 아래 저질러진 21세기 반달리즘의 현장이다.

제 2 부

중세

10

문맹의 샤를마뉴,
'유럽 통합의 씨앗'을 뿌리다

서양 역사에서 유럽 전역을 지배했던 이는 카이사르, 샤를마뉴, 나폴레옹 등 세 명뿐이었다. 이들 가운데 역사상 가장 지속적으로 영향을 미친 인물은 샤를마뉴(742~814)다. 지중해를 에워싼 세 대륙을 활동무대로 삼았던 세계제국 로마가 5세기 후반에 멸망한 뒤 서양 역사의 무대는 유럽으로 축소되었다. 게르만족의 지배하에 들어간 유럽은 정치적 구심점 없는 지리멸렬 상태를 면치 못했다. 프랑크 왕국의 샤를마뉴는 그렇게 분열되어 있던 유럽을 통일했다. 샤를마뉴가 서기 800년 12월 25일 서로마 황제에 즉위한 사건은 '세계사의 흐름을 바꿔놓은 중대 사건'이었다. '유럽'이 탄생한 것이다. 그는 1165년에 시성諡

聖됐고, '성 샤를마뉴의 날'은 프랑스 어린이들을 위한 축제일로 자리 잡고 있다.

그의 제국은 오래가지 않았다. 그가 죽은 지 얼마 지나지 않아 그토록 힘들여 통합한 대제국은 다시 아수라장이 되고 말았다. 북쪽에서 무시무시한 바이킹 배들이 대담무쌍하게 센 강, 루아르 강의 물길을 따라 미끄러져 들어왔다. 그들의 발길이 미치는 곳마다 공포가 전염병처럼 번졌고 제국의 권위를 보여주는 증거들은 남김없이 파괴되었다. 샤를마뉴가 죽은 지 31년 뒤인 845년에는 파리마저 약탈당했다.

화불단행禍不單行에 설상가상雪上加霜이었다. 이번에는 이슬람교도들이 남쪽으로부터 침략하여 로마를 공격했고, 성 베드로 성당과 사도들의 무덤을 모욕했다. 게다가 유목민인 마자르족이 제국의 동쪽 변방으로 쳐들어와 파괴를 일삼았다. 북에서, 남에서, 동에서 외적들이 거의 동시에 침입했다. 샤를마뉴의 후손들은 제국의 정치적 통일을 유지할 능력이 없었다. 유럽은 다시 한 번 서로 대립하고 적대하는 작은 세력들로 분열되었다.

그러나 통일의 '역사적 기억'은 샤를마뉴 사후에도 잊힌 적이 없었다. 유럽연합EU은 그 기억이 빚어낸 결과물이다. 샤를마뉴의 '하나의 유럽'을 재현하자는 것이다. EU는 2007년 말 리스본 조약 합의를 통해 경제통합을 넘어 정치통합의 꿈에 다가섰다. 21세기 들어서 글로벌 경제위기로 동·서 유럽 간 갈등이 부각되면서 '하나의 유럽' 개념이 흔들리기도 했지만 천 년도 훨씬 넘게 지속된 통일의 기억이 쉽사리 사라질 것 같지는 않다. 문제는 우리다. 같은 유교 문명권이라고는 하지만 통일의 역사적 기억을 갖지 못해서인지 동아시아 3국—한국·중국·일본—의 통합은 요원해 보인다. 게다가 일본은 제국주의 침략

샤를마뉴 빌딩

EU 집행위원회 일부가 입주한 벨기에 브뤼셀의 '샤를마뉴 빌딩.' 2007년 이 건물에서 한·EU 자유무역협정FTA 협상이 진행되기도 했다.

의 과거사를 반성할 줄 모르고 있으니 말이다.

엄청난 정력과 만족할 줄 모르는 지적 호기심을 가진 샤를마뉴는 다방면에 관심을 가졌다. 그는 신민의 교육 수준을 높이려 했고 단호한 의지로 학문을 부흥시키고자 했다. 중세 초기 서양은 지독한 문맹 사회였지만 샤를마뉴의 열정에 힘입어 그의 생전에 학문이 부활했다. 이른바 '카롤링거 르네상스'가 활짝 꽃을 피운 것이다.

제국 영토 전역에서 샤를마뉴보다 더 열정적인 학생은 없었다. 자신이 주도한 개혁을 지속시키고 또 지적 호기심을 만족시키기 위해 그는 당대의 가장 명석하고 유능한 인물들을 불러 모았다. 샤를마뉴의 궁정 학교는 국내외에서 초빙된 탁월한 학자들로 인해 바야흐로 명문 아카데미가 되었다. 자기 계발에 대한 그의 관심은 거의 애처로울 정도였다. 그러나 그는 여가 시간에 글쓰기를 익히기 위해 침상 베개 밑에 늘 서판書板을 가져다 놓을 정도로 열심이었음에도 끝내 글 쓰는 법을 배우지 못했다. 읽을 줄은 알아도 쓸 줄은 몰랐다. 문맹이었다.

읽을 줄은 알았으니 문맹은 아니지 않느냐고 말할지도 모른다. 하지만 국어사전에서 '문맹'은 "배우지 못하여 글을 읽거나 쓸 줄을 모름"으로 정의되고 있다(이 점은 영어에서도 동일하다). 또한 문맹의 반대말인 '문해文解(literacy)'는 "문자를 읽고 쓸 수 있는 능력"으로 정의되어 있다. 샤를마뉴는 '문해' 중 '쓰기'가 가능하지 않은 상태이니 문맹이라 할 수 있다. 읽기만 할 줄 알아도 문맹이 아니라고 생각하는 것은 한자어인 '문맹文盲' 때문일 것이다. '소경 맹盲' 자가 사용되어 있으니 글을 볼(읽을) 줄만 알아도 문맹은 면한 것 아니냐고 생각할 수 있지만, 읽기와 쓰기 중 어느 하나를 할 줄 몰라도 문맹이다.

캐나다의 스티븐 하퍼 총리는 2009년 아이스하키 팀 감독이자 해설가인 자크 드메르(당시 65세)를 상원의원으로 지명했다. 놀랍게도 그는 문맹이었다. 읽을 줄도 쓸 줄도 몰랐으니 샤를마뉴보다 심한 문맹이었다. 북미아이스하키리그NHL 소속 몬트리올 캐나디언스의 감독과 사장을 지낸 유명 체육인인 자크 드메르는 몬트리올 팀을 이끌고 1993년 NHL에서 정상에 등극, 아이스하키를 국기로 하는 캐나다에서 '스포츠 영웅'으로 추앙을 받았다. 캐나다 아이스하키팀을 NHL에서 우승시킨 그는 몬트리올 팀을 떠난 뒤에는 프랑스어 스포츠 네트워크인 RDS의 해설가로 활약, 인기를 끌었다. 하퍼 총리는 이런 드메르의 인기와 명망을 감안해 그를 상원의원에 임명한 것이다.

드메르는 2005년 자신이 문맹이라는 부끄러운 비밀을 스스로 공개해 캐나다 사회를 놀라게 했다. 그는 불우했던 어린 시절을 떠올리며 문맹이 될 수밖에 없었던 연유를 토로했다. 드메르의 아버지는 술주정뱅이로 아내와 아들에게 수시로 주먹을 휘둘렀을 뿐만 아니라 정신적으로도 그들을 괴롭혔다. 아버지의 학대 때문에 드메르는 도저히 글을 익히고 책을 볼 시간이 없어 결국 학업을 중도에 포기했다.

그는 몬트리올 팀의 감독과 사장을 지냈을 때는 문맹인 사실을 숨긴 채 코치와 비서들의 도움을 받아 서류 등을 처리했다. TV 해설을 하면서는 기록과 자료를 읽는 척 '연기'를 했고, 심지어 부인에게까지 글을 못 읽는 사실을 감췄다. 하지만 2005년 본인의 치부를 고백한 후에는 알파벳 공부를 본격적으로 시작했다. 고령 등으로 인해 만족할 만한 수준은 되지 못했지만 신문의 체육기사를 독해하고 초보적인 글쓰기도 가능한 정도로까지는 이뤄냈다. 그는 문맹 퇴치에 힘을 보태는 의정활동을 펴겠다고 포부를 밝혔다.

자크 드메르

캐나다의 스포츠 영웅으로 2009년 스티븐 하퍼 총리에 의해 상원의원에 임명된 자크 드메르. 그
는 2005년 자신이 문맹자라는 사실을 공개해 캐나다 사회를 놀라게 했다.

"안녕하세요? 저는 조지타운대 입학 예정인 ○○○입니다." 어느
케이블방송이 주관한 공개 오디션 프로그램에 출연한 한 참가자가 미
국 조지타운대학교에 입학 예정이라고 자신을 소개했다. 방송 이후
그는 실시간 검색어 상위 순위에 올랐다. 누리꾼들은 외모, 학벌, 집
안, 겸손까지 다 갖춘 '사기 캐릭터'라고 난리를 쳤다. 방송은 조지타
운대학교 전경을 보여주면서 그 대학이 미국 모 대통령의 모교로 수
재들이 다니는 명문대라는 것을 알려주는 등 참가자의 학벌을 소개하
는 데 많은 시간을 할애했다. 가수 지망생을 뽑는 오디션 프로그램에
서마저 학벌을 강조하는 '학벌 공화국'인 우리 사회는 정상일까. 우
리의 인간관·교육관은 과연 제대로 된 것일까.

중세 대학의 탄생

여성에게 교육의 기회가 거의 주어지지 않던 중세 유럽에 살면서도
라틴어, 그리스어, 히브리어에 능통했던 여인, 그래서 소녀 시절부터
'여자의 몸에 남자의 정신이 깃들어 있다'는 평을 들었던 한 여인이
있다. 재색을 겸비한 여인 엘로이즈(1101~1164)다. 1118년 그녀의 삼
촌이자 노트르담의 참사회원인 풀베르는 당대 일급의 철학자 피에르
아벨라르(1079~1142)에게 총명한 조카 엘로이즈의 교육을 맡겼다. 처
음으로 아벨라르를 만났을 때 그녀의 나이는 17세, 아벨라르는 학자
로서 명성을 널리 떨치던 한창 나이의 39세였다.

22살의 나이차에도 불구하고 두 사람은 사랑에 빠졌고, 아벨라르의 아이를 임신한 엘로이즈가 브르타뉴에서 아들을 낳고 파리로 돌아온 뒤 두 사람은 비밀리에 결혼을 했다. 이 사실을 알고 분노한 풀베르는 사람들을 시켜 아벨라르를 거세시켰다. 그 후 아벨라르는 생드니 수도원의 수도사가 되었고, 엘로이즈는 아르장퇴유에 있는 수녀원에 들어갔다. 아벨라르와 엘로이즈가 주고받은 편지들은 두 사람의 관계를 주제로 한 수많은 문학작품을 낳았다.

아벨라르는 '3천 명이 넘는 제자를 거느린 세계 최고의 선생님'이자 '소크라테스의 환생'으로 불렸다. 특히 12세기에 파리가 유럽의 학문 중심이 되고, 프랑스뿐만 아니라 전 유럽의 그리스도교 국가들에서 수천 명의 젊은이들이 파리로 구름처럼 몰려든 중요한 이유 중 하나는 아벨라르 때문이었다. 아벨라르의 어마어마한 명성에 힘입어 파리대학은 중세 최고의 대학으로 우뚝 서게 되었다. 아벨라르가 파리대학을 만들었다고 말해도 지나치지 않을 정도다.

대학은 전적으로 중세 유럽에서 만들어진 제도다. 특히 파리대학은 13세기에 신학, 법학, 의학 등의 학과를 개설하여 교수진을 구성하고, 학사·석사·박사 등의 학위를 수여했다. 개설된 전공 학과가 많지 않다는 점만을 제외하면 오늘날의 대학 제도와 크게 다르지 않다. 오늘날 세계 각국에 산재한 수많은 대학들의 기원을 소급해 올라가면 종국에는 13세기 파리대학에 이르게 된다. 파리대학 교수 중 일부가 잉글랜드로 건너가 옥스퍼드대학을 열었고, 옥스퍼드에 불만을 품은 일부 교수가 뛰쳐나가 만든 것이 케임브리지대학이다. 유럽에서 발생한 대학 제도는 대서양을 건너 신대륙 미국에서 하버드대학 등의 설립으로 이어졌고, 19세기 일본은 서양의 대학 제도를 본받아 동경제국대학 등을 설립했다. 한반도에 세워진 최초의 대학은 일본이 식민지 조

파리 페르 라셰즈에 있는 아벨라르와 엘로이즈 묘

피에르 아벨라르는 1140년 주교회의에서 이단으로 판정을 받았고 병든 몸을 클뤼니 수도원에 의지한 채 1142년 63세를 일기로 세상을 떠났다. 그의 죽음 소식을 들은 엘로이즈는 클뤼니 대수도원장에게 그의 유해를 보내줄 것을 청했고, 자신이 원장으로 있던 성령 수도원에 안치했다. 그리고 엘로이즈는 아벨라르보다 22년을 더 살다가 1164년에 눈을 감았다. 두 사람의 무덤은 파리 동쪽의 페르 라셰즈 공동묘지 정문에서 멀지 않은 곳에 있다. 실물 크기로 나란히 누워있는 두 석상의 주인공이 아벨라르와 엘로이즈다.

선에 설립한 경성제국대학이다. 우리가 독자적인 대학 제도를 발달시킨 것은 광복 이후의 일이다.

한 가지 유의할 점은, 대학이 고등교육기관이긴 하지만 그렇다고 해서 모든 고등교육기관이 다 대학은 아니라는 사실이다. 조선 시대의 성균관은 고등교육기관이긴 하지만 '대학'은 아니다. 마찬가지로 고구려의 태학, 고려 시대의 국자감도 '대학'이 아니다. 대학의 세 가지 주요 구성 요소인 교과 과정curriculum, 교수진faculty, 학위제도degree가 결여되어 있었기 때문이다. 같은 의미에서 고대 아테네의 철학자 플라톤이 이끌었던 아카데미 학당도 고등교육기관임에는 분명하지만 '대학'은 아니다.

파리대학이 '무無'에서 갑자기 등장한 것은 아니다. 고려대의 전신이 보성전문학교, 연세대의 전신이 연희전문학교이듯이, 파리대학의 전신은 파리성당학교다. 아벨라르는 파리성당학교 시절 최고의 철학 교사였다. 스콜라 철학의 기초를 놓은 아벨라르는 일찍이 학생 시절부터 논리학과 신학에 지극히 능통하여, 파리 부근의 교사들과 논쟁을 벌여 그들을 공개적으로 굴복시키곤 했다. 오만한 행동으로 인해 그는 수많은 적을 만들었다. 이로 인해 1121년에 이단 혐의로 유죄 판결을 받게 되었다.

일이 복잡하게 얽히느라 그랬는지 바로 이 무렵 엘로이즈와의 연애 사건이 터져 거세의 봉변까지 당했다. 엘로이즈는 수녀가 되었고, 아벨라르는 수도사가 되었다. 그러나 아벨라르는 지극히 논쟁적인 성격이어서 수도원에서도 진정한 평안을 찾을 수 없었다. 그는 수도원 두 곳에 머물다가 수도사들과 다툼을 벌인 끝에 갈라섰고, 그 후 1132년부터 1141년까지 파리에서 교사로 정착했다. 이때가 그의 생애의 절정기에 해당한다.

　아벨라르는 전 유럽에서 수많은 학생들이 구름처럼 모여들게 했다. 전거가 다소 의심스럽지만 당시 유포되었던 이야기를 들어보자. 그는 어찌나 강의를 잘했던지, 그의 신학적 입장이 문제가 되어 프랑스 '땅'에서 강의하는 것이 금지되자 나무 위로 올라가 강의를 했는데, 그 강의를 듣고자 학생들이 나무 아래로 떼지어 몰려들었다고 한다. 또 프랑스 '공중'에서 강의하는 것마저 금지되자 센 강에 배를 띄워 그 위에서 강의를 했는데, 학생들이 강둑으로 몰려들었다고 한다.

　아벨라르의 학문적 명성으로 말미암아 유럽 각지에서 학생들이 운집했고, 그 학생들을 보고 수많은 교사들이 파리에 정착했다. 눈덩이가 부풀듯이 학생과 교사들이 늘어났다. 그 결과 파리성당학교는 프랑스의 다른 어떤 성당학교보다도 다양하고 수준 높은 강의를 개설했다. 1200년에 이르러 마침내 파리성당학교는 '대학'으로 도약한다. 청년 시절 파리에서 신학을 공부한 교황 인노켄티우스 3세(1198~1216 재위)는 당시의 파리성당학교를 일컬어 '전 세계를 위해 빵을 굽는 오븐'이라고 불렀다. 파리대학은 이 대학을 중세 유럽 최고의 대학으로 만드는 데 기여한 아벨라르와 그의 연인 엘로이즈를 영원히 잊지 못할 것이다.

12

중세 유럽의 대학 생활

오늘날 전 세계의 대학 조직과 학위 제도는 중세 유럽에서 시작되었다. 물론 연구 내용과 방향은 중세와는 크게 달라졌다. 중세 대학의 교과 과정에는 역사학, 사회과학, 기계공학 같은 분야는 포함되지 않았다. 대학 입학 연령도 오늘날보다 어렸다. 초등학교와 중고교에서 12년간의 교육을 마치고 입학하는 오늘날과는 달리, 중세 대학은 문법학교grammar school를 마친 12~15세의 소년들이 입학했다. 중세의 대학생은 대학에 입학하기 전에 라틴어 문법을 완전하게 익혀야만 했다.

입학은 남자에게만 허용되었으며, 일단 입학하게 되면 약 4년간 기본적인 자유 학과들, 즉 라틴어 문법과 수사학의 상급 과정을 이수하고, 논리학을 완전히 습득해야만 했다. 시험에 통과하게 되면 예비적으로 문학사(B. A.(Bachelor of Arts) 학위를 받게 되는데, 이것은 그리 대단한 것으로는 인정되지 않았다. 전문가로서 입지를 확고히 하기 위해서는 몇 년을 더 공부해서 문학석사 학위(M. A.(Master of Arts) 또는 법학, 의학, 신학 분야의 박사 학위와 같은 상급 학위를 얻어야 했다.

문학석사 학위를 얻기 위해서는 3~4년간 수학, 자연과학, 철학 등을 연구해야만 했다. 문학석사 과정을 이수하기 위해서는 기본적인 고전들—특히 아리스토텔레스—을 읽고 논평해야 했다. 추상적인 분석이 강조되었고 실험과학 같은 것은 없었다.

박사 학위를 받기 위해서는 좀 더 전문적인 훈련을 받아야만 했다. 신학은 당시 '학문의 여왕'이었다. 신학박사 학위가 어떤 학위보다도 받기 어려웠다. 중세 말기 파리대학의 신학박사 학위 과정은 문학석사 학위를 얻기 위해 약 8년을 소요한 후, 다시 12년 또는 13년을 더 공부해야만 했다(물론 이 기간 내내 대학에 머무를 필요는 없었다). 그러므로 40세 이전에 신학 박사가 된다는 것은 매우 드문 일이었다. 실제로 대학 학칙에서도 35세 이전에는 신학 박사 학위를 수여할 수 없도록 규정되어 있었다. 엄밀히 말해서 박사 학위는 '가르칠 수 있는 자격'을 부여하는 것이었다. 그러나 실제로 모든 학위는 학식의 기준으로 인식되었고, 그 결과 학자의 길을 걷지 않을 사람들에게도 하나의 간판처럼 되어버렸다.

중세의 대학 생활은 매우 난폭했다. 대학 공부를 10대 초·중반에 시작했던 까닭에 학생들 대부분은 나이가 어렸다. 더욱이 모든 대학생들은 그들 자신이 대학 소재지 주민들과는 다른 독립적·특권적 공동체를 이룬다고 믿었다. 주민들은 학생들로부터 경제적 이득을 얻으

타운 대 가운의 격렬한 접전
중세 유럽의 대학가에서는 '타운'과 '가운' 사이에 격렬한 다툼이 벌어지곤 했다. 파리 시민과 학생 간의 최초의 싸움은 1200년에 일어났다. 어느 독일 학생의 하인(일부 부유한 외국인 학생은 하인을 데리고 유학했다)이 여관에서 술을 구입했다. 그런데 그 술이 물 탄 술임이 드러나자 말다툼이 벌어졌고 결국 몸싸움으로 번졌다. 하인이 온몸에 타박상을 입고 돌아와 전후사정을 주인 학생에게 고하자, 독일 학생들이 즉각 여관으로 달려가 여관 주인을 반죽음 상태에 이르도록 두들겨 팼다. 그러자 여관 주인 측은 파리 시장에게 이 사실을 고했다. 시장이 여관 주인 편을 들면서 무장 경관을 인솔하고 나타나자 학생들도 무기를 가지고 대항하여 졸지에 시가전이 벌어졌다.

려 했고, 학생들이란 본시 시끄러운 것이 자연적 성향인지라 빈번히 폭동이 일어났다. 이로 인해 '타운town(주민)'과 '가운gown(대학생)'간에 격렬한 난투극이 벌어지기도 했다.

그러나 학생들의 공부는 매우 철저했다. 학문에서 권위가 크게 강조되고 책값이 대단히 비쌌기에(책은 보통 고가의 양피지에 손으로 쓴 필사본이었다) 엄청난 분량을 기계적으로 암기해야만 했다. 학생들에게는 학문의 진전과 더불어 공식적·공개적으로 토론을 벌일 수 있는 기량의 연마가 요구되었다. 고급 과정의 토론은 대단히 복잡하고 추상적이어서, 때로는 여러 날씩 계속되곤 했다.

중세 대학생들에 관련하여 가장 중요한 사실은 1250년경 이후 대학생의 숫자가 대단히 많아졌다는 점이다. 13세기에 파리대학은 매년 약 7천 명 정도의 학생을 유지했으며, 옥스퍼드대학은 매년 약 2천 명을 유지하고 있었다. 참고로 우리나라의 경우 1958년 연세대학교 신입생 모집인원은 775명이었다. 전 학년을 다 합쳐도 3천 명을 조금 넘는 수준이었다. 13세기 유럽의 인구 규모를 감안하면 파리대학의 학생 수가 얼마나 많은 것이었는지 짐작할 수 있다. 이는 유럽인 중에서 농민이나 공인 이상의 남자들 가운데 상당한 숫자가 고등 교육의 혜택을 받을 수 있었음을 의미하는 것이다.

13

12세기는 번역의 시대

움베르토 에코의 소설 《장미의 이름》에는 서양 역사에 관심 있는 독자라면 눈이 번쩍 뜨일 만한 흥미진진한 읽을거리가 가득하다. 14세기 초의 서유럽인들은, 주후主後 천 년에 종말이 오리라던 기대가 무너지자, 진정한 종말은 콘스탄티누스 개종(313) 이후 천 년이 되는 자신들의 시대에 올 것이라고 기대했다. 그들은 끊임없이 세계 종말과 최후 심판의 예감에 시달렸다(20세기 말 우리 사회에 횡행했던 이런저런 종말론들을 연상케 하는 대목이다). 또한 이 책은 중세 말기 각 교단에서 벌어졌던 이단 논쟁과 종교재판의 원인과 과정을 세밀하게 그려내면서, 당시의 생활상, 종교관, 세계관을 흥미롭게 보여준다.

그런데 정작 이 책에서 필자의 눈길을 사로잡은 장면은 다른 데 있다. 바로 중세 유럽의 수도원에서 '아랍어 문서'가 번역되고 있었다는 대목이다. 소설 첫머리에는 수련 수도사 아드소와 그의 사부師父 윌리엄 수도사가 문제의 수도원에 도착하자, 장서관 사서 말라키아가 문서 사자실寫字室에서 공부하고 있는 수도사들을 일일이 소개하는 장면이 나온다.

사서 말라키아는, 문서 사자실에서 공부하고 있는 수도사들을 일일이 우리에게 소개했다. 아울러, 그들이 하고 있는 공부의 내용도 소상하게 일러 주었다. 나는 지식의 보고와 하느님의 말씀을 고구하는 그들의 면려와 정진에 탄복하지 않을 수 없었다. 이렇게 해서 나는 그리스어와 아랍어를 번역하는 살베메크의 베난티오를 알게 되었는데, 베난티오는 인류 가운데서는 가장 미더운 현자라고 할 수 있는 아리스토텔레스에 심취해 있었다.

윌리엄 수도사 일행에게 맨 먼저 소개된 수도사 살베네크의 베난티오의 직분은 '그리스어'와 '아랍어'를 라틴어로 번역하는 일이었다. 당시 수도원 사서들에게는 아랍어 해독 능력이 필수적으로 요구되었다는 설명도 뒤따른다. 수도원 살인사건의 범인이자 장서관의 총책임자인 호르헤 노老수도사 역시 카스티야에서 소년 시절을 보낼 때 이미 아랍어와 그리스어에 능통했던 비범한 수재로 묘사되고 있다.

독자들은 중세 서유럽인들이 그리스어를 라틴어로 번역했다는 것에 대해서는 별다른 의문을 품지 않을 것이다. 역사 공부를 조금이라도 해본 사람이라면, 서양 문명의 원류인 그리스 고전을 중세 유럽의 공용어인 라틴어로 번역하는 일을 너무나 자연스럽고 당연한 일로 받아들일 것이기 때문이다. 그러나 아랍어를 라틴어로 번역한다는 대목에 이르러서는 많은 독자들이 고개를 갸우뚱할 것이다. 중세 유럽의 수도원 사서들이 기본적으로 아랍어에 능통해야만 했다는 설명에도 의문이 생길 것이다. "생뚱맞게 웬 아랍어?" 하는 생각이 들 법도 하다.

마치 오늘날 우리가 영어를 '필요'에 의해 공부하는 것과 마찬가지로, 아랍어를 라틴어로 번역한다는 것은 필경 중세 서유럽이 이슬람 문명에서 배울 점, 취할 점이 있었음을 의미한다. "그렇다면 대체 서유럽이 아랍인에게서 무엇을 배운단 말인가?" 중세사에 관심을 갖지 않은 독자라면 이렇게 생각하기 십상이다. 근대 이후 서유럽 그리스도교 문명이 이슬람 문명을 압도하고 있는 까닭에, 우리 시대 일반 독자들의 뇌리에는 '서양 문명은 앞선 문명', '아랍 문명은 뒤떨어진 문명'이라는 인식이 암암리에 각인되어 있다. 그러므로 서유럽인이 아랍 문명에서 무언가를 배우려 했다는 '역사적 사실'은 우리의 '선입견'과 '고정관념'을 깨트리는 일이다.

그러나 서유럽 문명이 이슬람 문명보다 우월하다는 시각은 어디까지나 최근 수백 년 동안에 대해서만 타당성이 있다. '중세 초기'로 불리는 서기 7세기에서 11세기에 이르기까지 약 500년 동안 이슬람은 서유럽에 비해 압도적으로 우월한 문명을 건설했다. 이 시기에 서유럽은 '이슬람의 그늘'에서 살았다. 그러므로 로마제국 멸망 이후 500년 동안 이어진 '중세 초기'는 서유럽에서는 야만의 암흑시대였을지 모르나, 이슬람의 관점에서는 암흑의 시대이기는커녕 오히려 한 문명이 탄생하여 젊음을 구가한 찬란한 황금시대였다.

서기 8세기 이후 400년 동안 이슬람은 고대 그리스의 과학·철학을 소화해냄으로써 서유럽에 비해 압도적으로 우월한 문명을 건설했다. 이슬람은 단순히 그리스 학문을 받아들이는 데 그치지 않고 독창적으로 끌어올렸으며, '야만 상태'의 서유럽은 12세기 이후 이슬람 학자들이 소화한 그리스 학문을 받아들임으로써 문명을 도약시켰다. 이슬람보다 열등한 위치에 있던 서유럽이 도약을 이룩한 것은 12세기 이후의 일이었다(서양사에서 1050~1300년경을 '중세 전성기'라고 부르는 것은 이런 이유에서다). 유의할 것은, 중세 전성기에 서유럽이 달성한 사상적·학문적 업적이 '번역 작업'이 없었다면 결코 등장할 수 없었다는 사실이다. 12세기에는 고대 그리스의 수많은 고전 저작들이 라틴어로 처음 번역되어 서유럽인들에게 알려지기 시작했다. 이 번역 작업의 가장 중요한 성과는, 아리스토텔레스의 전 저작이 서양 사상의 한 부분으로 편입되었다는 것이다.

13세기에 형성된 스콜라 철학의 내용과 틀은 아리스토텔레스의 사상을 그리스도교 교리 체계에 융합시키려는 시도 속에서 형성된 것이었다. 그런데 놀랍게도 서유럽인은 아리스토텔레스의 저작을 '그리스어→라틴어'로 직접 번역해서 읽지 못하고, '그리스어→아랍어→라틴어'의 중역重譯된 텍스트로 읽었다. 아리스토텔레스뿐 아니라 그리스 고전 사상 전반을 아랍어에서 중역된 라틴어 텍스트로 접할 수 있었다(20세기 전반 일제 강점기에 한국 지식인들이 일본어를 통해 서양 학문을 익혔던 것과 마찬가지다). 수도원 사서들에게 아랍어 해독능력이 필수적으로 요구된 까닭이 바로 여기에 있다. 아리스토텔레스 사상을 기독교에 융합시킨 토마스 아퀴나스의 스콜라 철학은 이렇게 해서 탄생했다.

기원전 6세기와 5세기에 활짝 피어난 그리스의 과학과 철학이 그리

토마스 아퀴나스

이탈리아에서 태어난 토마스 아퀴나스(1224/25~1274)는 나폴리대학에서 공부할 때 처음으로 그리스어·아랍어에서 라틴어로 번역된 과학서와 철학서를 접했다. 그는 지식에 대한 갈망을 새로이 발견된 텍스트로 해소했다. 그는 일찍이 아베로에스와 아비센나를 읽었고, 아랍과 유대교 텍스트가 번역본으로 입수되는 대로 거기에 빠져들었다. '아리스토텔레스 혁명'의 선봉이 될 운명을 타고난 토마스 아퀴나스는 라틴 신학을 고전적으로 체계화한 신학자였으며, 오늘날에도 로마 가톨릭 교회에서 가장 뛰어난 철학자이자 신학자로 인정받고 있다. 그는 1245년 파리대학으로 유학을 떠나, 1256년 파리대학 신학과 교수로 취임했다.

스의 쇠퇴와 함께 로마에 수용될 때, 로마 지식층은 라틴어와 그리스어의 이중 언어 구사능력bilingualism을 갖고 있었기에 번역의 필요성을 느끼지 않았고, 따라서 로마의 멸망과 더불어 그리스의 과학과 철학은 서유럽 라틴 문명에 곧바로 계승되지 못했다. 라틴어를 사용한 중세 서유럽인에게 그리스의 학문 전통이 단절되고 만 것이다. 한편 아랍 세계는 8, 9세기에 그리스의 과학과 철학을 아랍어로 번역하는 일을 출발점으로 하여 자신들의 과학 및 철학을 발달시켰다.

서기 8세기 이후 이슬람은 고대 그리스의 과학·철학을 소화해냄으로써 서유럽에 비해 압도적으로 우월한 문명을 건설했다. 이슬람은 단순히 그리스 학문을 받아들이는 데 그치지 않고 독창적으로 끌어올렸고, '야만 상태'의 서유럽은 12세기 이후 이슬람 학자들이 소화한 그리스 학문을 받아들임으로써 문명을 도약시켰다. 역사가들이 '12세기의 르네상스12th Century Renaissance'라고 부르는 서유럽의 번영은 이슬람의 학문적 성취가 없었다면 이룩될 수 없었다. 이 시대가 '번역의 시대Age of Translation'라고 불리기도 하는 것은 이 시대의 지적 번영이 전적으로 번역에 의해 촉발되었기 때문이다.

서유럽이 이슬람에 얼마나 신세를 졌는지는 아랍어를 어원으로 한 수많은 영어 단어만 봐도 알 수 있다. 교통traffic, 관세tariff, 창고 magazine, 알코올alcohol, 오렌지orange, 레몬lemon, 설탕sugar, 대수학 algebra, 영zero, 연금술alchemy, 알칼리alkali 등 우리에게도 익숙한 영어 단어들이 아랍어에서 유래했다. 이슬람은 중세 서유럽의 스승이자 은인이었다.

14

중세 전성기의
종교·문학·건축

모든 예술 양식이 그러하듯이 건축 또한 시대와 사회의 영향에서 자유로울 수 없다. 중세 유럽이야말로 한 시대의 문화와 사회가 건축에 미친 영향이 가장 잘 드러나는 경우에 속한다. 서양 중세사는 다음의 세 시기로 구분된다. 로마제국 멸망 직후의 중세 초기early Middle Ages(600~1050), 중세 유럽 문명이 활짝 꽃을 피운 중세 전성기High Middle Ages(1050~1300), 흑사병으로 유럽 인구의 절반 이상이 희생당했던 중세 말기later Middle Ages(1300~1500)다. 중세 초기의 서유럽은 인접한 비잔티움 문명이나 이슬람 문명에 비해 물질적, 지적 성취의 수준이 크게 떨어졌다. 그러나 중세 전성기 서유럽은 인류 역사상 가장 창조적인 시기 중 하나였다. 유럽인들은 이 시기에 생활수준을 크게 향상시키고, 국민국가를 수립했으며, 대학 등의 고등 교육 기관을 출발시키는가 하면 위대한 문학과 예술을 창조했다.

카노사의 굴욕

중세 전성기는 무엇보다도 종교 분야에서의 개혁운동과 신앙적 부흥이 강렬하게 일어난 시기였다. 이 시기에는 이전 시대에 널리 성행되던 성직 매매simony, 성직자의 축첩 행위 등 종교 부패를 시정하고자 하는 움직임이 거세게 일어났다. 특히 11세기 후반에 일련의 개혁 교황들이 등장함으로써 성직자들의 도덕성이 쇄신되고 교황의 위상도 크게 높아졌다. 대표적인 개혁 교황인 그레고리우스 7세Gregorius VII(1073~1085 재위)는 성직자들에게 절대적인 복종과 순결을 요구했다. 일부 반대파 성직자들은 그가 성직자들로 하여금 천사처럼 살 것을 요구한다고 불평을 늘어놓기까지 했다.

그레고리우스는 교회에 대한 광범한 개혁 조치를 바탕 삼아, 국왕과 황제에 대한 교황권의 우위를 주장했다. 국왕과 황제는 교황의 명에 복종하여 세상을 개혁하고 복음화하는 일에 기여해야 한다는 것이다. 물론 그레고리우스는 세속 군주들이 순수한 세속적 문제들에 대해서만은 지배권을 계속 보유해도 좋다고 허용했다. 그러나 그는 세속 군주들이 교황의 '궁극적인 최고권'을 받아들일 것을 희망했다.

그레고리우스의 교황으로서의 활동은 가히 혁명적인 것이었다. 그가 교황이 되기 얼마 전인 1046년에만 해도, 독일 황제 하인리히 3세

Heinrich III가 이탈리아 원정길에 올라 제각기 자신이 교황이라고 주장하는 세 명의 교황을 추방한 다음, 자신의 시종 중 한 사람을 교황의 자리에 앉히는 일이 있었다. 11세기 중반까지만 해도 교황을 비롯한 성직자의 임명권(서임권)은 철저히 세속 군주들에 의해 좌지우지되는 형편이었던 것이다.

그레고리우스는 이런 오랜 관행에 정면으로 도전하여 세속지배자의 성직 서임권을 거부했고, 그 결과 하인리히 4세Heinrich IV의 커다란 반발을 사게 되었다. 성직자를 임명하고 통제하는 일은 황제의 오랜 관행이었고, 그것이 없다면 황제의 권위는 크게 약화될 것이기 때문이었다. 황제의 입장에서는 당연한 조치였다. 그러자 교황은 즉각 황제를 파문하고 세속 군주로서의 모든 권력을 정지시켰다.

교황의 이러한 대담한 조치에 당대의 모든 사람들은 경악을 금치 못했다. 독일 황제들은 955년에서 1057년 사이에 재위했던 교황 25명 가운데 5명을 폐위시키고, 12명을 새로 임명한 바 있었다. 그런데 이제 교황이 감히 황제의 파문을 선언한 것이다!

1077년 한겨울에 하인리히 4세는 허겁지겁 알프스를 넘어 북이탈리아의 카노사 성에서 교황 앞에 부복했다. 그는 사흘 동안 내내 성문 앞에 서서 맨발에 허름한 옷을 입고 교황의 위로와 도움을 간청하며 눈물을 흘렸다. 이것이 저 유명한 '카노사의 굴욕' 사건이다. 황제와 교황의 관계가 극적으로 역전하는 순간이었다. 이 사건은 동시대인들에게 교황의 황제 파문 이상의, 그야말로 경천동지할 엄청난 사건으로 비쳐졌다. 기록에 의하면, 당시 유럽인들은 길쌈하던 아낙네와 작업장의 직공들마저도 이 사건 이외에는 아무 것도 화제로 삼지 않았을 정도였다고 한다.

‘십자군운동’은 이러한 종교적 부흥의 열기가 없었더라면 상상조차 할 수 없는 것이었다. 1095년 11월에 교황 우르바누스Urbanus가 프랑스의 클레르몽 시에서 종교회의를 개최하고 십자군을 요청했을 때, 그는 기대했던 것보다 훨씬 열렬한 반응을 얻게 되었다. 누가 시킨 것도 아니건만 운집한 군중이 “신께서 그것을 원하신다!”며 너무나 열렬히 외쳐대는 바람에 교황이 연설을 중단해야 할 정도였다. 그러고는 바로 수많은 사람들이 너도나도 서둘러 동방으로 향했다. 대략 10만 명의 인원이 십자군 주력부대에 가담했는데, 당시의 인구를 감안할 때 그것은 엄청난 숫자였다.

서사시에서 로망스로

11세기 후반에 시작된 종교적 열기를 이어받은 12세기는 오늘날 우리가 알고 있는 가톨릭교회의 제도와 관행의 대부분이 성립된 시기이기도 했다. 7성사seven sacraments의 교리가 확정되고, 성체 성사에서 성직자의 기적적 권능—빵과 포도주를 그리스도의 살과 피로 바꾸는—이 크게 강조되었으며, 마리아 경배가 교리로 정착되었다. 16세기에 종교개혁의 횃불을 들었던 마르틴 루터가 가톨릭교회의 역사를 400년으로 간주한 것은 이런 의미에서 정확한 것이었다고 할 수 있다.

흥미로운 사실은, 마리아 경배가 가톨릭교회에서 정식으로 자리를 잡게 되면서 문학 장르에서 변화가 이루어졌다는 점이다. 중세 전성기가 시작할 때만 해도 속어俗語 문학의 대부분은 영웅적 서사시의 형태로 서술되었다. 이 서사시들은 유혈이 낭자하고 전투용 도끼로 해골이 쪼개지는 장면을 등장시키는 등 거칠고 남성적인 전사들의 사회를 묘사했다. 주제도 영웅적인 전투, 명예, 충성 등이었다. 설령 여성이 등장한다 해도 그들은 대부분 남성에게 종속되었다.《롤랑의 노래 *Chanson de Roland*》가 대표적이다.

그러나 마리아 경배가 가톨릭의 교리로 자리 잡으면서 중요한 변화가 나타났다. 먼저, 기독교 역사상 처음으로 여성이 종교적으로 영예로운 지위를 부여받게 되었다. 그리고 마리아를 묘사한 예술가와 문인들은 여성다움과 인간성의 부드러움, 그리고 가정생활에 주목할 수 있게 되었다. 이것은 예술 및 문학 양식을 부드럽게 하는 데 결정적인 역할을 했다. 문학에서 '서사시'를 대신하여 '로망스'라는 장르가 새롭게 등장한 것도 이런 배경에서였다. 로망스는 근대 소설의 효시에 해당하는 장르로서, 매력적인 이야기를 들려주었으며, 인물 묘사에 탁월했다. 주제는 대개 사랑과 모험이었다. 종교적 변화의 영향으로 여성적인 요소가 문학 작품들 속에 침투해 들어간 것이다. 가장 유명한 것은 켈트족의 영웅 아서 왕King Arthur과 그의 기사들을 다룬 것들이었다.

로마네스크에서 고딕으로

종교적 부흥과 열정으로 대표되는 이 시기에 새롭게 등장한 건축양식은 고딕 양식이었다. 하지만 여기에서는 고딕 양식을 다루기에 앞서, 고딕 양식보다 앞선 양식인 로마네스크를 소개하기로 한다.

로마네스크 양식은 10세기에 시작되었지만, 완숙된 것은 11세기 및

12세기 전반이었다. 이 시기에는 종교적 개혁운동에 힘입어 수많은 새로운 수도원들 및 대형 교회들이 건축되었다. 로마네스크 양식은 모든 건축적인 디테일을 획일적인 체계 속에 엄격히 종속시킴으로써 교회 건축물을 통해 신의 영광을 드러내는 데 목적이 있었다.

12, 13세기를 거치면서 전 유럽에 걸쳐 로마네스크 양식은 고딕 양식으로 대치되었다. 두 양식은 물론 인과적인 연결점을 갖고 있기는 하지만, 그럼에도 불구하고 두 양식은 실제로는 전혀 다른 것이다. 실로 두 양식은 문학 장르에서 '서사시'가 '로망스'와 다른 것처럼 현저히 달랐다.

고딕 양식은 '로망스'가 등장한 것과 같은 시기인 12세기 중반에 프랑스에서 나타났다. 그리고 고딕 양식은 로마네스크 양식에 비해 한층 여성적이고 세련되고 기품 있고 우아한 것이었다. 그런데 이 같은 여성적인 특징은 '로망스'를 '서사시'에 비교해도 마찬가지로 나타난다. 종교와 사회가 문학과 건축 양식에 얼마나 밀접한 영향을 미치고 있는지를 단적으로 볼 수 있는 면모다.

사실상 이 시대에 새로이 건립된 대성당들은 모두 마리아에게 봉헌된 것이었다. 노트르담 성당—Notre Dame은 가톨릭에서 '성모 마리아'를 의미하는 프랑스어 존칭인데, 원래는 프랑스어로 '우리들의 귀부인'이라는 뜻—은 파리에만 있었던 것이 아니다. 샤르트르, 랭스, 아미앵, 루앙, 랑 등 프랑스 각지에 수많은 '노트르담' 성당이 건립되었고, 두말 할 나위 없이 이들 대성당은 모두 고딕 양식으로 건축되었다.

고딕 양식의 급격한 수용과 발전은 12세기가 현대에 못지않게 실험적이고 역동적인 시기였음을 보여준다. 프랑스 수호성인의 성소이자 역대 프랑스 국왕의 묘지로 존중되어 오던 성 데니스St. Denis 수도원

시그램 빌딩

20세기 건축사에 혁명적 공헌을 했던 미스 반데어로에가 설계한 시그램 빌딩Seagram building
(1958). 뉴욕 고층빌딩 중 가장 아름다운 건물로 꼽힌다. 이 건물은 유리와 청동 및 대리석으로 되
어 있는 초고층 사무용 건물이다. 우아하면서도 단순한 그의 직선적 건축양식은 1920년대 말에
등장한 국제주의 양식International Style을 특징적으로 잘 보여주고 있다. 20세기 중반 서양 건축에
서 주류를 이루었던 국제주의 양식의 가장 일반적인 특징은 직선으로 이루어진 형태다. 로마네스
크 양식에서 고딕 양식으로의 변화는 백악관을 초현대식 건물로 바꾸는 것과 같은 놀라운 혁신이
었다.

교회는 1144년에 전혀 새로운 고딕 양식의 훨씬 규모가 큰 교회를 짓기 위해 헐렸다. 과감한 혁신이었다. 역사가들은 그것이 마치 미국 워싱턴의 백악관을 헐고 그 자리에 미스 반데어로에Mies van der Rohe가 설계한 초현대식 건축물을 짓는 것에 견줄 만한 일이라고 말한다. 중세를 섣불리 암흑시대라고 단정 지을 수 없는 이유다. 과감한 실험 정신과 자기 쇄신 능력은 우리 시대에 더욱 절실히 필요한 것 아닐까.

중세 베네치아의
'날개 달린 사자' 브랜드 마케팅

베네치아가 자리 잡은 아드리아 해의 서북쪽 귀퉁이에는 초승달 모양
의 질척한 개펄이 펼쳐져 있었다. 일부는 호수, 일부는 바다, 그리고
또 다른 일부는 강어귀를 이루었다. 수많은 작은 섬들이 점점이 박혀
있고, 바깥쪽에는 기다란 모래톱이 에워싸고 있었다. 로마제국이 지
배하던 평화로운 시절, 이곳에는 어부들과 낚시꾼들만이 살고 있었
다. 말라리아가 창궐하는 음습한 개펄 지역이었기 때문이다.

  그러나 낡은 질서가 흔들리고 야만족 침입의 물결이 북에서 이탈리
아를 향해 연달아 밀어닥치자 인근 주요 도시의 주민들은 이 습지를
혼란기의 임시 피란처로 삼아야겠다고 생각했다. 처음에는 영구히 이

주할 생각은 아니었다. 그러나 고트족, 훈족, 아바르족, 헤룰리족 등이 잇달아 북부 이탈리아로 밀어닥치고, 그 후 세월이 지나도 좋았던 옛 시절이 다시 돌아올 가망이 보이지 않자, 피난민들은 습지를 새로운 고향을 받아들이고 그곳에서 새로운 문명을 출발시켰다.

처음부터 기이한 공화국이었다. 이 나라의 '도로'라고 하는 것은 개펄에 원래 있던 개울과 수로를 준설해서 만든 운하였고, 나뭇가지를 엮어 벽을 만들고 풀로 지붕을 이은 초기 건물들은 갈대숲에 말뚝을 박고 그 위에 건립한 것이었다. 교통수단이라고는 배밖에 없었고, 음식이라고는 생선밖에 없었으며, 식수는 빗물을 받아서 해결해야 했다. 이 거친 환경의 개척자는 로마제국의 높은 기준에 맞추어 교육을 받은, 높은 수준의 문명을 지닌 선구자들이었다.

이곳에선 안정된 사회 질서와 그리스도교적인 성실성, 그리고 로마인다운 자신감이 유지되었다. 그들은 '노예, 살인자, 또는 부도덕한 자들'을 받아들이지 않았다. 그들은 곧 선원과 어부의 기술을 익혔다. 그리고 새로운 사회의 실정에 적합한 공공 제도들을 조금씩 창안해냈다. 697년에 이르러, 분산된 주거 지역들이 뜻을 모아 한 명의 도제 doge(또는 공작)를 선출했다. 도제는 그들 모두의 주권자가 되었고, 대외 문제에서 그들 전체의 대표자가 되었다. 애당초 민주정으로 출발했지만 이 개펄 공화국은 안정과 안전에 대한 집착 탓에 개인의 자유를 등한시하게 되었고, 점차 권력은 세습 지배 계급에게 넘어갔다.

새로운 생활 방식과 새로운 정치적 정체성을 발전시키면서, 베네치아인은 새로운 국민적 목표를 설정했다. 바로 상업 국가로의 전환이었다. 베네치아인은 필연적으로 상인이 될 수밖에 없었다. 농사를 지을 수 있는 내륙 지역을 갖지 못했기에 그들은 생계를 위해 바다로 눈을 돌렸고, 그 결과 진취적이고도 교활한 상업 국민이 되었다. 그들은 공동으로 상품을 운송하는 기업가이자 모험상인이었다. 베네치아인 마르코 폴로가 여행길에 오른 것도 무역 정찰 임무 때문이었다. 베네치아 상선들은 지중해 전역에서 널리 알려졌다. 1204년 제4차 십자군 원정 지도자들이 성지 탈환을 위한 해상 병력 수송을 부탁하자, 동부 지중해 무역패권을 노리던 베네치아는 그 대가로 경쟁 세력 콘스탄티노플을 마구 약탈하는 잔인성과 교활함을 보였다. 그 후 베네치아는 '지중해의 여왕'으로 군림해 동방무역을 독점했다.

현대 경영학에서 기업 이미지를 통합하는 작업을 씨아이CI(corporate identity)라고 한다. 주로 시각적인 방법에 의존한다는 점에서 비주얼 코퍼레이트 아이덴티티visual corporate identity라고도 한다. 일반적으로 기업의 새로운 이미지나 커뮤니케이션 시스템을 의도적·계획적으로 만들어내는 경영 전략을 말한다. 이 같은 경영 전략은 1950년대 미국에서 시작되었는데, 당시 아이비엠IBM사는 회사 마크나 쇼룸의 실내 장식에서 봉투, 편지지에 이르기까지 모든 아이템을 통일적인 이미지로 디자인했다. 아이비엠IBM의 씨아이 전략이 대단한 성공을 거두자 이것이 계기가 되어 1960년 이래 세계 각국에서 붐이 일어나기 시작했으며, 오늘날 씨아이는 기업의 경영 전략에서 필수적인 요소가 되었다.

중세 이탈리아의 도시국가 베네치아는 일찍이 천 년 전부터 이미지 통합 작업을 시작한 씨아이의 선구자였다. 베네치아는 탁월한 광고·마케팅 기법을 구사했다. 중세의 베네치아는 희한한 국가였다. 중세 유럽 국가들 사이에서 마치 황금 유니콘(일각수)이나 피닉스(불사조)처럼 매우 독특하고 신비로운 매력을 발산하고 있었다. 베네치아는 독

베네치아의 상징 황금사자

성 마르코 대성당을 장식한 날개 달린 황금사자상은 오늘날에도 관광객들의 눈길을 사로잡고 있다. 베네치아(영어는 베니스) 국제영화제는 베를린 국제영화제, 칸 국제영화제와 함께 '3대 국제영화제'로 꼽힌다. 최우수작품에는 베네치아의 상징인 날개 달린 사자 형상의 '성 마르코 황금사자상Golden Lion of St. Mark'이 수여된다. 2008년에는 미키 루크 주연의 〈더 레슬러〉가, 2007년에는 리안李安 감독의 〈색, 계色, 戒〉가 이 상을 받았다. 우리나라에서는 1961년에 〈성춘향〉을 처음 출품한 이래로 1987년 강수연이 〈씨받이〉로 여우주연상을 받았고, 2002년에는 〈오아시스〉로 이창동 감독이 감독상을, 문소리가 신인여배우상을 수상했다. 2004년 〈빈집〉으로 감독상을 수상한 바 있는 김기덕 감독은 2012년 〈피에타〉로 황금사자상을 수상했다.

황금사자상을 수상하는 김기덕 감독

2012년 제69회 베네치아 국제영화제에서 황금사자상(최우수작품상)을 받고 기뻐하는 김기덕 감독
(2012년 9월 9일). ⓒ 연합뉴스

특한 아이콘을 활용해 후광효과를 톡톡히 보았다. 베네치아가 해상제국으로 발돋움하는 데에는 탁월한 광고기법이 큰 몫을 담당했다. 전설에 의하면 신약성서의 복음서 저자인 성 마르코(마가)가 베네치아에서 전도를 한 적이 있었고, 이 전설에 따라 베네치아는 성 마르코를 수호성인으로 삼았다. 성 마르코를 상징하는 동물은 '날개 달린 사자'였다.

이 신비한 사자는 베네치아를 나타내는 모든 물건, 이를테면 동전, 궁전 건물, 깃발, 갤리선 뱃머리, 배수관 납 뚜껑 등에 마치 등록상표처럼 붙어 다녔다. 최대 수혜자는 '주식회사 베네치아'였다. 고객에게 강한 인상을 주고 세상 사람의 뇌리에 자국의 이미지를 각인시키기 위해 의도적으로 디자인을 활용한 것이다. 베네치아인들 사이에서 널리 알려진 전설에 따르면, 성 마르코는 전도 여행 중 개펄의 모래톱에 당도한 적이 있었다. 그리하여 베네치아의 모토, 즉 공화국의 표어는, 전능한 신이 바로 그때 성 마르코를 베네치아의 수호성인으로 추인했음을 확인해주는 말로 정해졌다. "나의 복음서 기자 마르코에게 평화를." 이것이 베네치아 공화국의 표어였다.

와트 타일러의 난과
지배 계층의 '꼼수'

2008년 대한민국의 촛불시위는 쇠고기 수입 재개 협상 내용에 대한 반대 의사를 표현하려는 학생과 시민들의 모임으로 출발했다. 첫 집회 때는 구성원의 60퍼센트 이상이 여고생들이었다. 이후 100일 이상 집회가 계속되면서 점차 범위가 교육 문제, 대운하 반대, 공기업 민영화 반대, 정권 퇴진 등 정치 쟁점으로 확대되었다. 5월 2일 첫 집회 이후 2개월간 연일 최고 수십만 명에 달하는 인원이 참가했으며, 6월 10일을 정점으로 하여 7월 이후에는 주말 집회가 계속되었다.

그 해 6월 10일은 때마침 6·10항쟁 21주년이 되는 날이었다. 경찰은 이날 새벽부터 세종로 충무공 동상 앞에 컨테이너 박스를 2단으로

미국산 쇠고기 수입반대 촛불집회
2009년 5월 9일 저녁, 서울 청계광장에서 참여연대 등 1,500여 개 시민사회단체와 인터넷모임으로 구성된 '광우병위험 미국 쇠고기 전면수입을 반대하는 국민긴급대책회의' 주최로 대규모 촛불문화제가 열렸다. ⓒ 연합뉴스

명박산성

2009년 6월 10일 저녁, 서울 세종로 일대에서 열린 6·10항쟁 촛불집회에서 경찰이 시위대의 청와대 진출을 막기 위해 광화문 네거리에 쌓아놓은 컨테이너 장애물. 시민들은 세종로 사거리에 설치된 이 컨테이너 바리케이드에 '명박산성' 이라는 별명을 붙였다. ⓒ 연합뉴스

쌓아 바리케이드를 설치했으며, 그 밖에도 안국로 등 청와대로 진입할 수 있는 길목에 총 60여 개의 컨테이너 박스를 사용해 바리케이드를 설치했다. 이 바리케이드는 이명박李明博과 산성山城을 합쳐 '명박산성明博山城'으로 명명되었다. 서울지방경찰청이 2008년 6월 10일에 예상되는 대규모 집회의 충돌을 방지하기 위해 설치한 것이다. 국민이 한없이 두려웠던 이명박 대통령은 그날 밤 청와대 뒷산에 올라가 끝없이 이어진 촛불을 바라보았다. 그리고 19일 성명을 발표했다.

저는 지난 6월 10일, 광화문 일대가 촛불로 밝혀졌던 그 밤에, 저는 청와대 뒷산에 올라가 끝없이 이어진 촛불을 바라보았습니다. 시위대의 함성과 함께, 제가 오래전부터 즐겨 부르던 '아침이슬'이라는 노래 소리도 들려왔습니다. 캄캄한 산중턱에 홀로 앉아서 시가지를 가득 메운 촛불의 행렬을 보면서, 국민들을 편안하게 모시지 못한 제 자신을 자책했습니다. 늦은 밤까지 생각하고 또 생각했습니다. 수없이 제 자신을 돌이켜보았습니다.

이명박에게 촛불은 트라우마였다. 촛불 사태를 극복하기 위해 그는 국민에게 세 번 머리를 조아렸다. 5월 22일에 대국민 담화를 통해 "국민 마음을 헤아리는 데 소홀했습니다. 국민 여러분께 송구스럽게 생각합니다"라고 사과했고, 6월 3일에 "국민이 원하지 않으면 30개월 이상 된 쇠고기를 수입하지 않겠다"라며 고집을 꺾었으며, 6월 19일에는 "청와대 뒷산에서 끝없이 이어진 촛불을 바라보며 제 자신을 자책했다"고 또 사과했다.

그러나 세 번의 사과는 모두 거짓이었음이 드러났다. 6월 26일 국무총리 한승수가 "불법 시위는 법과 원칙에 따라 엄정 처리한다"라고 발표한 후 본격적인 '공안정국'이 조성되었다. 집회는 원천 봉쇄했고, 철저하게 자료를 채증해 참가자들을 처벌했다. 2008년 여름을 거치면서는 방송을 장악하는 데 주력했다. KBS 정연주 사장을 해임했고 YTN에 대선 후보 시절 방송특보 출신인 구본홍 사장을 임명했으며 MBC 〈PD수첩〉은 각종 소송으로 얽어맸다. 반발이 거셌지만 모두 무시하고 밀어붙였다. 판세를 뒤집는 데 완전히 성공한 것이다.

2008년 6월 이명박이 청와대 뒷산에 올라가 끝없이 이어진 촛불을 바라보며 겁에 질렸던 것처럼, 14세기 잉글랜드 왕 리처드 2세 또한 런던탑에 올라가 농민들의 함성과 불길을 보며 덜덜 떨었다. 1381년에 일어난 '와트 타일러Wat Tyler의 난'은 잉글랜드 역사상 가장 격렬한 농민 반란이었다. 반란의 직접적 계기는 종래의 재산 정도에 따른 누진세 대신 균등한 인두세人頭稅를 전국적으로 거둬들이려 한 데 있었다. 그러지 않아도 쌓였던 경제적 불만이 마침내 폭발했다. 와트 타일러가 이끄는 농민군은 6월 13일 런던을 장악했다.

그날 밤 나이 14세의 리처드 2세는 런던탑에 올라가 런던 시내에 몰려든 농민들의 함성과 불길을 가까이에서 볼 수 있었다. 14세기의 《연대기》 작가로 유명한 프르와사르(1337~1410)는 리처드가 불길을 내려다보며 '엄청난 두려움'에 떨었다고 전한다. 많이 망설이고 깊이 생각한 끝에 왕은 군중과 회담을 하기로 결정했다. 왕은 이튿날 농민들 앞에 나아가 그들을 만났다. 이 자리에서 농민 지도자 와트 타일러는 인두세·농노제·부역·시장세를 폐지하고 반란 참가자의 죄를 묻지 말 것을 요구했다. 국왕은 농민군의 세력에 밀려 그 요구를 인정하는 특허장을 써주고, 불만의 표적이 되었던 캔터베리 대주교 서드베리와 재무장관 등을 처형하면서 농민의 귀향을 요구했다. 이에 와트

와트 타일러의 죽음
런던 시장(왼쪽)이 국왕 앞에서 와트 타일러를 베고 있다. 1381년 6월 15일, 타일러의 추종자들은
왕의 양보에 만족한 많은 농민들이 이탈하여 힘이 약해진 가운데, 성벽 바깥의 스미스필드
Smithfield에서 왕 및 그의 수행원들과 대면하여, 교회 재산 문제 등 새로운 요구조건을 제시했다.
잠시 가시 돋친 언쟁이 오간 뒤 런던 시장은 반도들이 보는 앞에서 타일러를 칼로 베어 거꾸러뜨
렸다.

런던탑

템스 강 북쪽 언덕의 런던탑. 와트 타일러가 이끄는 농민반란군은 1381년 6월 13일 밤 런던을 장악했다. 그날 밤 리처드 2세(당시 나이 14세)는 런던탑에 올라가 불길에 휩싸인 런던 시내를 바라보며 두려움에 떨었다. 그로부터 627년 뒤인 2008년 6월 10일 이명박은 청와대 뒷산에서 끝없이 이어진 촛불을 바라보며 두려움에 떨었다.

타일러는 반란군을 해산시켰다.

대부분의 농민은 만족한 마음으로 귀향했다. 그러나 더 많은 개혁을 요구하는 사람들은 남아서 국왕에게 재차 면담을 요구했다. 면담은 6월 15일에 있었고, 와트 타일러는 백성을 탄압하는 여러 법을 폐지할 것, 교회 영지를 몰수하고 민중에게 영지를 분배할 것, 농노 전원에게 자유를 줄 것 등을 요구했다. 이때 돌발사태가 일어났다. 타일러와 국왕이 담판을 하고 있던 중 갑자기 런던 시장이 타일러를 칼로 공격하고 체포해버린 것이다.

왕은 반란군 앞에서 군주로서 위엄 있게 호소하고 개혁을 약속한 뒤 해산하라고 설득했다. 졸지에 지도자를 잃은 데다 순진하게도 왕의 약속을 곧이곧대로 믿은 반란군은 곧 뿔뿔이 흩어졌다. 귀족들은 이를 틈타 군대를 조직해 반란을 일으킨 마을들을 야만적으로 유린했다. 일단 자신의 생명이 더 이상 위협받지 않게 된 왕은 모든 약속을 헌신짝처럼 저버렸다. 흩어진 농민 세력은 곧바로 토벌되었고, 몇몇 주동자들은 대중의 아무런 저항도 없는 가운데 처형되고 말았다. 반란의 불길은 그렇게 연기처럼 공중으로 사라져버렸다.

로마제국 멸망 이래 중세 유럽 역사에서 평민이 이때처럼 열렬하게 자기주장을 한 시기는 없었다. 그러나 평민의 반란은 몇 가지 이유 때문에 성공 직전에 실패했다. 첫째, 지배 계급은 반란 진압에 필요한 재원과 군대를 쉽사리 동원할 수 있었으며, 권력을 휘두르고 질서를 유지하는 데 한층 익숙했다. 둘째, 평민들이 직종에 따른 이해관계로 분열되어 있었던 반면 특권 계층은 지배권에 위협을 받을 경우 항상 연합 전선을 펼쳤다. 끝으로, 평민들은 공통된 이념이나 장기적 프로그램을 지니지 못했다. 그들의 반란은 착취에 대한 본능적 반발이었고 눈앞의 불만을 해소하는 데 급급했다. 그들의 투쟁은 거의 승리에 가까워진 순간 와해됐고, 겁을 집어먹은 만큼이나 복수심에 이글거리던 귀족들의 반격 앞에 무력하게 당할 수밖에 없었다.

14세기 잉글랜드 왕과 21세기 한국 대통령의 공통점이 있다. '정치적 꼼수'로 위기를 돌파했다는 것이다. 속임수와 거짓말을 태연자약하게 구사했다. 그리고 성공했다. 반면 평민은 앞서 말한 세 가지 한계 때문에 실패했다. 이를 뒤집으면, 평민이 승리하기 위해서는 세 가지 한계를 극복해야 한다는 말이 된다. 첫째로 효율적인 인력 동원과 질서 유지, 둘째로 분열의 극복과 연합전선 구축, 그리고 셋째로 장기적 집권 프로그램을 갖춰야 한다는 뜻이다.

지배 계급의 '꼼수'는 영원하다. 교활하고도 민첩하게 평민의 약점을 사정없이 파고들어 무력화시킨다. 20세기의 종교가이자 사상가인 함석헌 선생의 말이 떠오른다. "생각하는 백성이라야 산다."

17

안경 제조법,
중세 유럽에선 '1급 비밀'

1970년대 초까지만 해도 한국 사회에서 안경 쓴 사람은 차별과 핍박을 받아야만 했다. 택시 기사들은 새벽에 그날의 첫 손님으로 여성이나 안경 쓴 남자 손님이 타려고 하면 승차를 거부하곤 했다. 첫 손님으로 여자나 안경 쓴 사람을 태우면 '재수가 없어서' 영업이 되지 않는다는 게 그 이유였다. 말도 안 되는 편견이지만 당시의 관습이 그랬다. 안경이 처음 도입된 이래 전통적으로 우리나라의 안경 예법은 매우 까다로웠다. 나이 많은 어르신에게 절을 하거나 제사를 지낼 때는 반드시 안경을 벗어야만 했다. 연장자 앞에서 안경을 써서는 안 된다는 예법상의 문제 때문에 안경은 우리나라에서 오랫동안 일반에게 보급되지 못했다.

임금이라면 이 모든 예법에서 예외라고 생각할 수 있겠지만, 임금 또한 공식적인 어전회의에서는 안경을 벗는 것을 원칙으로 삼았다. 조선의 마지막 왕 순종은 안경 없이는 지내기 힘든 지독한 근시였으나, 황태자 시절 부친인 고종 황제에게 나아갈 때 안경을 벗고 갈 것인지를 두고 고민할 정도였다. 인구의 40퍼센트 이상이 안경을 착용하고 있는 요즘과는 전혀 다른 세상이었다.

안경이 우리나라에 언제 들어왔는지에 대해서는 정확하게 밝혀지지 않고 있다. 하지만 임진왜란 때 명나라의 심유경沈惟敬과 일본인 승려 현소玄蘇가 꽤 고령임에도 불구하고 안경 덕분에 글을 잘 읽어내려 이를 본 많은 사람이 놀랐다는 기록이 있다. 선조가 중신重臣들에게 안경을 하사했다는 기록이 있는 것으로 미루어 늦어도 임진왜란을 전후한 시기—16세기 말—에는 우리나라에 전래되어 있었으리라고 짐작된다. 중국에서는 안경을 처음 전한 네덜란드 사람의 이름을 따서 '애체靉靆'라고 불렀는데 조선에서도 안경을 애체라고 표기한 것으로 보아 중국을 거쳐 들어왔으리라고 추측할 수 있다.

최초의 안경은 서양에서 발명되었다. 그러면 서양에서 안경은 언제 처음 발명되었을까? 안경에 관한 최초의 기록은 이탈리아의 도미니쿠스 수도사 조르다노 다 피사가 1305년에 행한 설교에서 발견된다.

안경 제작 기술이 발견된 지는 20년도 채 되지 않았어요. 전에는 볼 수 없던 신기술이지요. 난 안경을 처음 만든 기술자를 압니다. 만나서 얘기까지 했어요.

중세 안경

1352년에 그려진 이 프레스코화의 주인공은 우고 디 프로벤차 추기경이다. 오늘날의 안경과는 사뭇 다르다. 코에 걸치는 중간 부분을 접었다 폈다 할 수 있는 코안경이다.

새로운 발명품에 대한 놀라움과 흥분을 느낄 수 있는 말이다. 오늘날 학계의 정설은 이 기록에 근거해 (1305년 시점에서 20년 전이므로) 안경이 1280년대에 처음으로 발명되었다고 보고 있다. 하지만 '처음 만든 기술자'의 이름이 누구인지는 학자들의 끈질긴 추적에도 불구하고 끝끝내 밝혀지지 않았다. 학자들은 그 발명가가 이탈리아 중부 도시 피사 사람일 가능성이 높다고 추정한다. 안경 발명자는 안타깝게도 역사에 이름을 남길 기회를 잃은 셈이다.

안경에 대한 첫 기록을 남긴 수도사 조르다노의 입장에서 안경은 지극히 고맙고 반가운 물건이었다. 책을 읽고 쓰는 일을 주요 업무로 삼고 있는 수도사에겐 나이 먹는 것이 큰 장애였다. 노안으로 책을 더 이상 볼 수 없게 되면서 그동안 해오던 일을 내려놓지 않으면 안 되었던 것이다.

'최초의 휴머니스트'로 불리는 페트라르카(1304~1374)도 좋은 시절에 태어난 덕분에(!) 새로운 발명품의 혜택을 볼 수 있었다. 그는 수도사 조르다노가 안경에 관한 설교를 하기 1년 전인 1304년에 태어났다. 젊은 시절에는 뛰어난 시력을 자랑하곤 했지만 그 또한 세월을 피해 갈 수는 없었다. 60대에 접어들어서 노안이 찾아온 것이다. 그랬던 그가 다행히 안경의 도움으로 가장 중요한 몇몇 업적들을 완성시킬 수 있었다.

안경을 처음 발명한 사람은 성직자가 아닌 일반인이었을 것이다. 그는 틀림없이 새로운 발명품을 통해 경제적 이득을 얻고자 했을 것이다. 이는 1445년 피사의 금세공사들이 작성한 계약서를 통해 확인할 수 있다. 계약서에는 안경 제작 기술을 계약기간 동안 다른 누구에게도 누설하지 않겠다는 약속이 명시되어 있다. 계약 당사자 모두가

영화 〈장미의 이름〉에 등장하는 안경
영화 〈장미의 이름〉에서 윌리엄 수도사(숀 코너리 분)가 코안경을 끼고 문서를 읽고 있다. 안경의 발명 시기가 1280년대이니, 이 영화(소설)가 무대로 삼고 있는 1327년 당시 안경은 발명된 지 50년도 안 된 '최첨단 장비'였다.

복음서에 손을 얹고 엄숙히 맹세함으로써 계약이 성립되었다. 이처럼 기술자들은 안경 제조법을 철저히 비밀에 부치려 했다. 당시에는 안경 제조법이 매우 '특별한 기술'이었음을 알 수 있다. 초기의 안경은 안경 중간 브리지를 접었다 폈다 할 수 있는 '코안경'이었다.

움베르토 에코의 《장미의 이름》이 독자들의 관심을 사로잡는 것은 무엇보다도 살인 사건을 파고들어가는 미스터리 소설의 재미일 것이다. 수도사 아델모, 베난티오, 베렝가리오, 세베리노 등이 차례차례 죽어가는 상황에서, 주인공 윌리엄 수도사는 마치 아서 코넌 도일의 셜록 홈즈나 애거서 크리스티의 명탐정 포와로처럼 수도원 살인사건을 과학적·합리적으로 수사한다.

시기는 1327년 11월 말로 설정되어 있다. 시대 구분을 하자면 중세 말기(1300~1500년경)의 초입에 해당한다. 종교·사회·정치적으로 서유럽이 위기에 빠져들기 시작한 시기다. 1주일 동안 벌어진 일을 다루고 있는 이 소설에서 윌리엄 수도사는 당시로서는 최첨단 장비라 할 '코안경'을 끼고 암호를 해독하고, 마법의 돌인 자석을 이용해 '나침반'—이 또한 최첨단 장비—을 제작하는 과학자로 묘사된다. 눈이 휘둥그레진 수도사들은 감히 질문할 엄두도 못 낸 채 이 '어마어마한 물건'을 바라본다. 하늘에서 떨어진 코카콜라병을 보고 신기해하는 영화 〈부시맨〉의 주인공들과 다를 바 없는 모습이다.

안경을 귀에 걸 수 있게 해주는 안경다리—오늘날 우리가 쓰는 안경에 적용된 기술—가 고안된 것은 한참 뒤인 18세기 중반 이후였다. 간단해 보이는 그 장치가 안경이 처음 발명된 후 거의 500년이 지나서야 고안된 것도 오늘의 시점에서 보면 놀라운 일이다.

중세의 삶과 죽음

1346년 동서양 교역의 접점이던 크림 반도(우크라이나 남단에서 흑해 쪽으로 튀어나온 반도)의 항구도시 카파. 3년이나 이곳을 포위했던 몽골 통치자 자니베크가 아쉽게 발길을 돌리며 작별 선물을 남긴다. 병에 걸려 사망한 군사들의 시체를 투석기에 실어 성벽 안으로 던져 넣은 것이다. 일종의 세균탄이다. 시체와 더불어 치명적인 병원균이 성 안으로 침투했다. 아시아에서 발생해 실크로드를 타고 날개 돋친 듯 퍼진 흑사병이 마침내 유럽에 발을 내디딘 순간이었다. 성에 피신해 있던 제노바 상인들이 본의 아니게 균의 전파자가 되었다. 이듬해 여름 이들이 고향으로 향하며 들른 지중해 항구마다 환자가 속출했다.

유럽 방방곡곡으로 번진 병은 1년 만에 잉글랜드와 아라비아 반도, 나일강 삼각주까지 미쳤다.

신대륙을 제외한 전 세계의 대부분을 휩쓸었던 흑사병은 역사상 전무후무한 전염병이었다. 1347년에서 1350년 사이에 처음으로 전 유럽에 걸쳐 창궐했고, 그 후 약 100년 동안 시간적 간격을 두고 반복됐다. 이 재앙은—죽음과 혼란, 그리고 그것이 야기한 공포라는 점에서—실로 20세기의 두 차례에 걸친 세계대전에 견줄 만한 것이었다.

흑사병이란 선腺페스트와 전염성 폐렴의 복합 증상이다. 전염병의 임상적 결과는 소름 끼치는 것이었다. 일단 벼룩에 의해 선페스트에 걸리기만 하면 환자는 사타구니와 겨드랑이에 종기가 걷잡을 수 없이 생기게 되며, 팔다리에 검은 반점이 생기고, 설사를 하다가 결국에는 3일 내지 길어야 5일 만에 죽음을 맞게 된다. 질병이 폐렴의 형태로, 즉 공기 흡입을 통해 침투하게 되면, 종기 대신 기침을 하면서 피를 토하고 3일 내로 죽음을 맞이하게 된다. 어떤 사람들은 건강한 몸으로 침대에 들어갔다가 밤새 고통에 시달린 후 다음날 아침에 시체로 발견되기도 했다. '밤새 안녕'이란 말 그대로다. 또 어떤 경우에는 선원들이 모두 이 병에 걸려 죽는 바람에 시체를 실은 배들이 바다에서 정처 없이 표류하기도 했다. 소설 등 문학작품에서 볼 수 있는 유령선의 이미지는 여기에서 유래된 것이다.

그 결과 나라마다 인구의 3분의 1, 많게는 절반이 목숨을 잃었다. 사망자가 4,200만 명에 달했고 이 가운데 2,500만 명이 유럽인이라는 통계도 있다. 이 역병이 창궐한 것은 페스트균을 지닌 벼룩이 쥐의 몸에 서식하고, 이 쥐들이 식량을 좇아 사람 가까이에 머물렀기 때문이다. 그러나 질병의 '전염'이라는 개념이 전혀 없었던 당시 사람들은 쥐를 박멸하기는커녕 원인을 엉뚱한 곳에 돌렸다. 인간의 죄에 분노한 신의 천벌이라며 수만 명이 스스로를 채찍으로 때리는 고행에 나섰다. 마녀사냥도 기승을 부렸다. 유대인들이 우물과 공기 중에 병균을 퍼뜨렸다는 소문이 돌면서 그들을 산 채로 태워 죽이는 비극이 곳곳에서 벌어지기도 했다.

흑사병으로 참극을 겪은 중세 말기(1300~1500) 유럽만큼 죽음에 큰 의미를 부여한 시대는 찾아보기 힘들다. '메멘토 모리memento mori(죽음을 기억하라)'라는 호소가 끊임없이 메아리쳤다. 죽음의 이미지는 멸망과 덧없음이었다. 지상의 화려함이 쇠락해가는 것을 한탄하면서 세 가지 주제가 부각되었다. 첫째, "한때 명성을 날리고 권력을 휘두르던 그들은 지금 어디에 있는가?" 하는 것이었다. 둘째, 인간의 육체적 아름다움이 해체되고 무너지는 무시무시한 광경이다. 셋째, 죽음은 나이와 신분을 초월해 모든 사람을 평등하게 데리고 간다는 것이다.

14세기에는 죽음이 초래하는 육체적 파괴의 모습을 상상할 수 있는 가장 무시무시한 형태로 드러낸 무덤들이 등장했다. 어떤 무덤의 비석에는 "이 무덤을 구경하는 사람도 머지않아 악취 풍기는 시체로 구더기의 먹이가 될 것"이라는 문구가 새겨졌다. 다른 비문은 음산하게 경고한다. "지금의 당신 모습은 과거의 내 모습이고, 지금의 내 모습은 미래의 당신 모습이다." 죽음 뒤의 나타나는 육체의 부패는 공포를 야기했다. 성모 마리아가 임종한 후 육체와 영혼을 온전히 구비한 채 천국에 들어 올림을 받았다는 '성모몽소승천聖母蒙召昇天'은 그녀의 육체를 썩음에서 건져냈다는 점에서 가장 소중한 은총으로 여겨졌다.

저승사자가 낫을 들고 히죽거리며 아름답고 건강한 사람들을 데려가는 모습, 마귀가 지옥에서 고통으로 절규하는 사람들을 불로 지지

독일 뉘른베르크의 성 제발두스St. Sebaldus 교회에 있는 1330년경의 석상. 웃고 있는 앞모습은 세상의 모든 것을 지배하지만, 그의 등에는 뱀과 구더기가 기어 다닌다. 권력의 덧없음과 죽음의 무자비한 평등성을 이보다 더 잘 표현할 수 있을까?

는 잔혹한 모습을 담은 그림들을 어디서나 흔히 볼 수 있었다. 독일 뉘른베르크의 성 제발두스 교회에는 1330년경 제작된 석상 '세상의 왕'이 있다. 앞모습은 현세를 지배하는 왕으로서 웃고 있지만, 그의 등에는 뱀과 구더기들이 기어 다닌다. 무덤 속에서 부패해가는 시체의 모습이다.

20세기 영국의 역사가이자 문명비평가인 아널드 토인비는 《대화》에서 현대 미국인들 사이에 죽음을 '입에 올려서도 안 되는 것'으로 여기면서 죽음의 불가피성에 직면하는 것을 극도로 싫어하는 풍조가 있다고 말한다. 어디 미국인뿐이겠는가? 21세기 한국인도 다르지 않다. 토인비는 오직 인간만이 자기가 언젠가 죽는다는 사실을 알고 있음을 상기시키면서, 죽음을 외면하는 우리의 풍조가 결코 바람직하지 않다고 말한다. 토인비에 의하면, 수많은 사람들이 어린 시절 형제자매와 사별한 경험이 있던 19세기까지만 해도 죽음은 인간의 삶에 대단히 가까운 것이었다. 암이나 교통사고가 아니면 죽음을 목격할 일이 드문 오늘날과는 사뭇 다른 풍경이었다. 죽음을 외면하는 풍조는 20세기 이후에 처음으로 나타난 현상임을 알아둘 필요가 있다.

《구약성서》 전도서 기자는 "초상집에 가는 것이 잔칫집에 가는 것보다 낫다"고 말한다(7장 2절). 흥청대는 잔칫집보다 죽음을 지켜보는 초상집에서 인생의 진리를 깨달을 수 있다는 말이다. 우리는 모두 죽는다. 그러니 가끔씩 유서를 써보는 건 어떨까. 죽음에 대한 준비는 삶에 대한 성찰을 이끌어낸다.

19
화약,
중세 유럽의 '비대칭 전력'

핵무기는 군사적으로는 '비대칭 전력'으로 불린다. 전차·대포·함정 같은 기존 전력으로는 상대할 수 없는 무기인 데다, 단 한 발만 사용해도 치명적인 피해를 입힐 수 있기 때문이다. 비대칭 전력은 중세 서양에도 있었다. 화약이었다. 화약은 중국에서 발명됐지만 그것을 파괴적 목적으로 처음 사용한 것은 중세 말기 서유럽이었다. '마치 지옥의 마귀들이 모두 튀어나오는 듯한' 무시무시한 소리를 내는 대포는 1330년 이후 전장에서 흔히 볼 수 있는 무기였다.

'최초의 휴머니스트' 페트라르카는 1350년대에 이렇게 적었다. "엄청난 굉음과 함께 불꽃을 내뿜으며 쇳덩이를 날려 보내는 이 장치는

〈죽음의 승리〉

이탈리아 베르가모의 디시플리니 성당에 있는 1485년의 프레스코화 〈죽음의 승리〉. 화약이 처음
등장하던 무렵의 정서를 표현했다. 총은 희생자의 나이와 신분을 가리지 않고 '한 방'에 보낼 수
있으며, 우리의 마지막은 누구도 알 수 없다는 절망적 상황을 전해주고 있다.

몇 년 전만 해도 극히 드물어서 모두들 감탄과 경이의 눈길로 바라보았으나, 이제는 다른 무기처럼 아주 흔하고 친숙해졌다. 인간이란 가장 치명적인 기술을 깨우치는 데는 이토록 재빠르고 영리하구나."

초기의 대포는 너무나 원시적이어서 대포 앞쪽보다 뒤에 있는 편이 더 위험하곤 했다. 그러나 15세기 중반에 이르면 성능이 크게 향상되어 전쟁의 양상을 뒤바꾸기 시작했다. 대포는 1453년 두 전쟁의 승패를 가르는 결정적 역할을 했다. 오스만 튀르크는 대포를 이용해 유럽에서 가장 함락하기 어렵다던 콘스탄티노플을 무너뜨렸고, 프랑스군은 보르도를 함락함으로써 백년전쟁을 종식시켰다. 대포는 그 후 귀족들이 돌을 쌓아 만든 성 안에 은신하기 어렵게 함으로써 왕권 강화와 국민적 군주국가 성립에 지대한 공헌을 했다.

대포와 마찬가지로 14세기에 처음 발명된 총은 그 후 점차 완성도가 높아졌다. 1500년경 이후 새롭게 등장한 '머스킷 총' 덕분에 기병은 일거에 보병으로 대치되었다. 머스킷 총을 든 병사를 총사musketeer라고 한다. 알렉상드르 뒤마의 《삼총사》가 여기에서 유래했다. 하지만 초기의 머스킷 총은 재장전에 많은 시간이 소요되었기에 총을 한 발 쏜 다음 칼을 들고 돌격하는 방식으로 싸웠다. 초기에는 장식품의 성격이 강했다.

중세 기사는 창검을 손에 익히고 말을 다루는 데 많은 시간을 바친 고귀하고 용맹스러운 귀족이었다. 하지만 이제 그는 귀족 계급도 아니고 기사도라는 말을 들어본 적도 없는 최하층 출신인 데다 육체적으로도 허약하고 전쟁 기술에도 문외한인 일개 보병의 총 한 방에 자신의 생명이 끝날 수도 있다는 것을 알게 되었다. 게다가 총을 든 병사는 몸과 몸을 부딪치면서 '정정당당하게' 싸우는 게 아니라 '기만

〈인디아나 존스〉의 한 장면
해리슨 포드 주연의 〈인디아나 존스 2〉. 악당이 칼을 휘두르면서 돌진해오자 주인공이 총을 꺼내
해치운다. 전형적인 비대칭 전력이다.

적인 수법으로' 먼 거리에서 타격을 가하지 않는가! 기사들에게 이것
은 충격적인 사실이었다.

　이런 정신적 충격은 17세기까지도 사라지지 않았다. 스페인 문호
세르반테스는 《돈키호테》에서 주인공 라만차의 돈키호테의 입을 빌
려 이렇게 탄식했다. "오! 대포라는 이 사악한 도구의 광포함이 없던
그 시대를 축복할지어다. 그걸 발명한 놈은 틀림없이 지옥에 떨어져
그 사악한 발명품에 대한 상을 받고 있겠지! 이것 때문에 용맹한 기사
의 생명이 저열하고 비겁한 자의 손에 달려 있다니. …… 그 조그만
화약과 납덩이 때문에 이 팔의 용맹함과 이 날카로운 칼날로 온 세상
을 뒤덮을 만큼의 명성을 얻을 기회를 빼앗길 수도 있다는 것을 생각

하면 몸서리가 쳐질 지경이다."

해리슨 포드 주연 영화 〈인디아나 존스〉에는 큰 칼을 휘두르며 이리 저리 포즈 잡는 무사를 존스 박사가 총 한 방으로 가볍게 쓰러뜨리는 장면이 나온다. 제아무리 다년간 무술 훈련을 쌓은 칼잡이라도 방아쇠만 당기면 간단히 죽일 수 있다. 너무나도 허무하게 끝나버리는 대결에 관객은 박수를 치지만 중세 기사들에게는 분노와 좌절의 순간이었을 것이다.

20

줄무늬의 이중성

1776년 7월 4일은 미국이 영국의 통치에서 벗어나 자유를 지키기 위해 독립선언문에 서명한 날을 기념하는 독립기념일이다. 미국 독립기념일 하면 가장 먼저 떠오르는 이미지는 아무래도 시원스러운 줄무늬의 '성조기'다. 1789년 7월 14일의 프랑스혁명을 상징하는 이미지는 '삼색기'다. 둘 다 공통으로 줄무늬를 채택했다.

줄무늬가 서양 역사에 처음 등장한 것은 13세기 중반 가르멜 수도회 수도사들이 줄무늬 망토를 걸치고 파리에 들어오면서였다. 그때 파리 사람들은 손가락질하면서 그들을 경멸했다. 중세 유럽인들에게 줄무늬는 곧 '다양성'을 의미했다. 요즘은 다양성을 젊음·관대함·활달함 같은 긍정적 의미로 받아들이지만 중세에는 다양성이 죄악과 지옥을 연상시키는 개념이었다. 그런 인식은 동물에게도 적용되었으니, 호랑이·하이에나·표범 같은 줄무늬 동물은 인간에게 두려움을 주는 존재였다.

중세 말기(1300~1500)에는 심지어 얼룩말마저 잔인한 동물로 간주하면서 '사탄의 지배를 받는 동물'에 포함시켰다. 중세 기사도 소설에서 영웅은 언제나 백마를 타고 나타나지만, 배신자·악당·이방인은 여러 색이 섞인 말을 타고 등장하는 것이 정석처럼 되어 있었다.

긍정적 의미의 줄무늬는 1776년 미국 독립혁명과 더불어 획기적으로 확산되기 시작했다. '낭만과 혁명'을 뜻하는 줄무늬 개념이 처음 등장한 것이다. 줄무늬에 대한 새로운 시각은 미국에서 시작되었지만 유럽에도 급속히 퍼졌다. 아메리카 식민지를 지지하고 영국을 적대시하던 프랑스는 자연스레 미국적인 것에 끌렸다. 미국의 건국 초기 13주를 뜻하는 13줄의 깃발은 자유 등 새로운 이념의 상징물로 부각되었다. 이때부터 줄무늬는 이데올로기적이고 정치적 의미를 갖게 되었다. 줄무늬 옷을 입는 것이 영국에 대한 적대감을 드러내는 하나의 수단이 된 것이다.

1789년 프랑스혁명은 삼색기를 비롯해 다양한 줄무늬를 채택했다. 줄무늬 옷을 입는 것은 애국자임을 드러내는 일이자 혁명 이데올로기를 적극 지지한다는 뜻이었다. 로베스피에르는 프랑스혁명이 일어나기 전부터 줄무늬 연미복을 착용한 것으로 유명했다. 삼색기가 자유와 독립을 상징하는 원형처럼 받아들여지면서 삼색기의 아류에 해당하는 국기가 유럽 각국에서 우후죽순처럼 등장했다. 20세기에 군사적·경제적 강국으로 떠오르긴 했지만 미국은 이미 18세기부터 '줄무

앨커트래즈 교도소 기결수의 옷차림
부정적 이미지의 줄무늬는 1920년경 미국 앨커트래즈 교도소에 수감 중이던 기결수의 옷차림에
도 여전히 남아 있다. 왼쪽에 서 있는 사람은 간수, 가운데는 중범죄자, 오른쪽은 탈옥하다 잡힌
재범자다.

닉'로 새로운 흐름을 선도하고 있었던 셈이다.

그렇다고 줄무늬에서 경멸의 의미가 완전히 사라진 것은 아니었다. 줄무늬에는 상반된 가치가 공존하고 있었다. 18세기 말부터 줄무늬는 가치를 높여주는 상징물이자, 동시에 가치를 폄하하는 상징물이었다. 그것은 결코 중립적 의미로는 사용되지 않았다. 18세기 말에 사람들이 줄무늬 옷을 보고 가장 먼저 떠올린 사람은 죄수였다. 프랑스는 특히 죄수들에게 줄무늬 옷을 많이 입혔다. 19세기 초 줄무늬 옷은 영국과 독일의 감옥에서 사용되었고, 그 후 오스트레일리아, 시베리아, 그리고 오스만제국의 감옥에서도 죄수들에게 입혔다.

기하학적으로나 상징적으로 죄수복의 가로줄무늬는 감옥의 세로 창살과 밀접한 관계를 갖는다. 줄무늬와 창살이 직각으로 교차되는 것은 죄수를 외부와 확실하게 격리시키는 감옥의 그물조직을 의미한다. 이 경우 줄무늬는 단순한 상징기호가 아니라 장애물이다. 똑같은 의미의 줄무늬가 오늘날에도 출입금지선이나 교통표지판 등에서 쓰인다. 장애물로서의 줄무늬인 셈이다.

프랑스어에서 '줄을 긋다'는 '배제한다'는 뜻이었다. 따라서 줄무늬 옷을 입은 사람은 사회에서 배척된 사람을 뜻했다. 그러나 이런 배제를 '박탈'이 아닌 '보호'라는 뜻으로 사용하지 못할 이유는 없다. 중세 사회가 미치광이에게 입혔던 줄무늬 옷은 물론 경멸과 배척의 뜻이 담긴 기호였다. 그러나 달리 보면 그것은 악령에게서 그들을 보호하기 위한 창살, 장벽이었을지도 모른다. 아무런 방어수단 없이 허약한 존재일 수밖에 없는 미치광이는 악마의 희생양이 되기 쉽기 때문이다.

이처럼 옷의 줄무늬가 보호막 역할을 한다는 믿음은 오늘날까지 이

줄무늬

횡단보도는 건널 수는 있지만 아무 때나 아무렇게나 건널 수 있는 곳이 아니다. 도로에 그어진 줄무늬는 통행의 가능성을 뜻하는 동시에 통행의 어려움을 뜻한다. 완전히 금지되지는 않지만 일정한 조건을 갖출 때에는 통과가 허락된다. 해로운 것은 막아내고 이로운 것은 통과시킨다. 이런 여과 기능은 줄무늬가 지닌 장점 중 하나다.

어진다고 할 수 있다. 잠잘 때 입는 파자마가 줄무늬인 이유가 무엇이겠는가. 우리는 잠이 드는 순간 무방비상태가 된다. 잠든 동안 악령과 악몽에서 우리를 지켜주기를 바라는 마음으로 줄무늬 파자마를 입는 것은 아닐까? 줄무늬 시트, 줄무늬 매트 역시 우리를 보호하기 위한 창살이나 울타리로 해석할 수 있지 않을까? 도로의 횡단보도에 그어진 줄무늬가 보호자 역할을 하듯이 말이다.

우물 안 개구리
중세 유럽인이 꿈꾼 '외계'

요즘은 '지구 바깥' 우주가 외계지만, 15세기 말 대항해 시대가 열리기 전 유럽인에게는 '유럽 바깥' 세상이 외계였다. 세계는 각자의 문화를 가진 별개의 행성들로 이루어져 있었다. 중세 천년 동안 유럽 내부에 고립된 유럽인은 '우물 안 개구리'였다. 이슬람 세력은 러시아 스텝 지역에서 북아프리카를 거쳐 이베리아 반도까지 세력을 뻗으며 동쪽과 남쪽에서 유럽을 포위했고, 1453년에는 콘스탄티노플을 함락시켜 비잔티움 제국을 정복했다.

이교도 세력에 포위된 기독교 세계의 위기의식이 투영된 것일까. 15세기 유럽인들 사이에는 '사제 요한'의 기독교왕국에 관한 전설이 널리 퍼져 있었다. 중세 전설에 따르면 사제 요한은 네스토리우스교[景敎] 또는 콥트 기독교의 사제이자 왕이었다. 사제 요한의 왕국은 유럽을 포위한 이슬람 세력 저쪽에 위치하고 있었다. 따라서 유럽인은 사제 요한을 찾아내 동맹을 맺을 경우 양쪽에서 협공을 해서 이슬람 세력을 물리칠 수 있으리라고 생각했다.

사제 요한의 왕국에 대한 유럽인의 상상력은 흥미롭기 그지없다. 이곳에는 머리에 뿔이 하나 달린 유니콘들이 뛰어다니는가 하면, 사자의 몸통에 독수리의 머리·날개를 가진 전설의 동물 그리핀들이 황금을 지키고 있다. 이 왕국에는 괴상한 모습의 인간들이 살고 있었는데 얼굴이 어깨 아래쪽에 달린 사람, 부채 같은 거대한 발이 달린 외다리로 뛰어다니다가 낮잠을 잘 때는 발을 해 가리개로 사용하는 사람, 새 머리가 달린 사람, 허리 아래가 말처럼 생긴 사람이 있다.

사제 요한은 이렇듯 기상천외한 별천지에 위치한 난공불락의 성에 살았다. 성의 해자垓字에는 강물이 끊임없이 흐르는데, 이 강에 흐르는 것은 물이 아니라 보석이다. 왕의 거처에는 마법의 거울이 있어서, 사제이자 왕인 요한은 온 세계의 구석구석을 마음대로 살필 수 있었다. 궁전에는 7명의 왕, 60명의 공작, 360명의 백작이 그의 시중을 들었다. 그의 명령 한마디에 수천 마리의 전투용 코끼리와 수십만 명의 기병, 타조와 기린을 탄 특수부대들이 일제히 움직였다. 사제 요한 휘하의 병사들은 바닷가의 모래알처럼 많았다.

포르투갈의 항해왕자 엔히크Henrique O Navegador(1394~1460)가 추구한 목표는, 먼저 사제 요한을 찾아낸 다음, 십자군을 부활시켜 둘로 분단된 그리스도교 문명권을 재결합하는 것이었다. 대항해 시대의 개척자이며 유럽의 세계 진출을 앞장서 이끈 인물로 널리 알려진 엔히

사제 요한의 왕국에 사는 사람들의 모습

사제 요한의 왕국에 사는 사람들의 모습은 황당하기 그지없다. 얼굴이 어깨 아래쪽에 달린 사람,
부채 같은 거대한 발이 달린 외다리로 뛰어다니다가 낮잠을 잘 때는 발을 해 가리개로 사용하는
사람, 새 머리가 달린 사람, 허리 아래가 말처럼 생긴 사람이 있다. 현대인이 상상하는 외계인의
모습도 황당하다는 점에서 다를 바 없는 것 아닐까.

크의 꿈은 근대적인 것과는 거리가 멀었다. 중세 유럽인들은 사제 요한과의 '접속'이 가능하리라는 믿음을 품고 '대항해 시대'를 열었다. 중세적 꿈이 뜻밖에도 근대를 연 셈이다.

미국 항공우주국NASA의 2009년 보고에 따르면, 태양과 비슷한 특성을 가진 297개의 별 주위에서 모두 353개의 행성체가 발견되었다고 한다. 이를 찾기 위해 향후 15년 동안 우주선들이 속속 발사될 예정이란다. 21세기판 대항해 시대가 열린 셈이다. 언젠가는 외계인의 존재 유무도 확인될 것으로 기대한다.

우리는 소설이나 영화를 통해 외계인의 모습을 이런저런 기괴한 형상으로 멋대로 상상하곤 한다. 하지만 그것은 중세 유럽인의 사제 요한 왕국에 대한 상상만큼이나 터무니없는 것일지 모른다. 혹 지구 밖에 외계인이 존재한다면 그들은 어떤 모습일까. 뜻밖에도 우리와 같은 모습이 아닐까.

구텐베르크가 발명한
활판인쇄술

20세기가 저물어가던 1999년, 역사 전문 케이블방송 '히스토리 채널'에서는 서기 1000년에서 2000년까지 1,000년 동안 세계 역사에 큰 발자취를 남긴 인물 100명을 선정해 발표했다. 힐러리 클린턴, 헨리 키신저 등 미국 각계의 명사들이 패널리스트로 참여한 이 텔레비전 프로그램(〈1000년을 빛낸 세계의 100인〉)에서 1위로 뽑힌 인물은 놀랍게도 활판인쇄술의 선구자 요하네스 구텐베르크였다.

2위는 아이작 뉴턴, 3위는 마르틴 루터, 4위는 찰스 다윈, 5위는 윌리엄 셰익스피어, 6위는 크리스토퍼 콜럼버스, 7위는 카를 마르크스, 8위는 알베르트 아인슈타인, 9위는 니콜라우스 코페르니쿠스, 10위는 갈릴레오 갈릴레이였다. 서양 사람의 시각에서 선정된 것이기에 한계가 분명하지만, 구텐베르크가 기라성 같은 인물들을 제치고 1위로 선정된 것이 매우 인상적이다.

구텐베르크는 중세 말 혼란기에 돈을 벌어 재정난을 타개할 생각뿐이었던 일개 '벤처 사업가'였다. 인류 문명에 기여할 생각이라곤 전혀 없던 장사꾼에 불과한 구텐베르크가 갈릴레이·마르크스·뉴턴 같은 쟁쟁한 인물들을 제치고 1,000년 동안 인류에게 가장 큰 영향을 미친 인물로 선정된 것이다. 그는 출생일도 정확하지 않아 1400년경으로만 알려져 있다. 사망일은 1468년 2월 3일이다.

활판인쇄술의 발명은 13, 14세기에 책 만드는 재료가 양피지에서 종이로 바뀐 것이 계기가 되었다. 양피지parchment란 양, 송아지, 산양 등의 가죽을 무두질해서 일정한 사이즈로 재단한 것이다(송아지 가죽으로 만든 것은 각별히 벨럼vellum이라고도 한다). 기원전 2세기부터 널리 지중해 세계에서 쓰이기 시작했고, 파피루스 대신 일반화되어 서양에서는 중세 내내 종이가 등장할 때까지 사본, 악보 등에 쓰였다.

중세의 양피지는 대단히 값이 비쌌다. 양이나 송아지 한 마리에서 양피지를 4장밖에 얻을 수 없었으므로, 성경 한 권을 만들려면 200~300마리의 가죽을 도살해야 했다. 게다가 인쇄술 발명 이전에는 1,200쪽짜리 책 한 권 제작에 필경사 두 명이 꼬박 5년을 매달려야 했다. 하지만 펄프로 만든 종이 덕분에 책값이 크게 하락했다. 자연히 읽고 쓰기를 배우는 비용도 저렴해졌다. 이렇게 해서 문자해득률이 높아지자 더 저렴한 서적을 요구하는 시장 규모가 커졌다. 이런 수요에 부응해 구텐베르크는 당시 첨단벤처사업이었던 인쇄업에 뛰어들어 1450년경 활판인쇄술을 발명했고 1455년에 성경을 인쇄했다.

구텐베르크 성경의 일부

1457년 구텐베르크가 독일 마인츠에서 간행한 《시편》의 일부. 문자 'B'의 기둥 부분에 개가 새를 쫓는 모습이 보인다. 지극히 정교하고 아름답게 만들어진 이 책은 성경에 나오는 찬송가, 기도문, 죽은 이를 위한 추도문, 종교축일에 낭송되는 시 등을 모은 것으로, 인쇄인의 간기刊記가 들어간 최초의 문헌이다.

인쇄술은 사상의 신속하고 정확한 전파에 기여했다. 종교개혁가 마르틴 루터는 가톨릭의 면벌부 판매를 비판하기 위해 '95개조 반박문'을 써서 비텐베르크 성城 교회 문에 붙였다. 이 글은 때맞추어 발명된 활판인쇄술 덕분에 대량 인쇄되어 불과 몇 달 만에 유럽 전역에 퍼졌다. 구텐베르크의 인쇄술이 면벌부 비판 논리를 널리 퍼뜨려 종교개혁의 불길에 부채질을 한 셈이다(하지만 구텐베르크가 처음 제작한 인쇄물 중에는 면벌부도 있었으니 아이러니한 일이다).

16세기까지만 해도 독일은 다른 지방 사람과 의사소통이 안 될 정도로 지역별로 언어의 차이가 심했다. 하지만 루터의 독일어 번역 성경이 인쇄술을 통해 널리 보급되면서 그 번역어가 독일 전역에 표준어로 정착했고 독일의 문화적 민족주의를 확산시켰다. 19세기 영국 역사가 토머스 칼라일은 《의상철학》(1836)에서 "활자를 처음 발명하여 책을 베끼는 필생들의 수고를 던 사람은, 용병을 해산하고 왕들과 원로원들을 타도하여, 전혀 새로운 민주 세계를 창조했다"고 말한다. 인쇄술이 역사 변혁의 지렛대로 활용되었음을 지적한 것이다.

미국 부통령(1992~2000)을 지냈던 앨 고어가 2005년 한국을 방문했다. 고어는 서울 신라호텔에서 열린 '서울디지털포럼 2005'에서 한국의 정보기술IT 발전에 대해 놀라움을 표시하면서, "서양에서는 구텐베르크가 인쇄술을 발명한 것으로 알고 있지만, 그 기술은 당시 교황 사절단이 한국을 방문한 이후 얻어온 것"이라고 말했다. 그는 "스위스의 인쇄박물관에 갔다가 알게 된 사실"이라며 "구텐베르크가 교황 사절단의 일원으로 한국을 방문했던 친구로부터 인쇄 기술에 관한 정보를 처음 접했다"고 전했다. 구텐베르크의 금속활자가 한국의 금속활자를 모방했다는 것이다. 한국이 구텐베르크보다 약 70년 앞서서 고려 시대인 1377년에 금속활자로 《직지심체요절》이라는 책을 인쇄한 사실을 바탕에 두고 한 말이다. 언론은 앨 고어의 말을 앞 다투어 기사화했다. '민족주의적' 성향의 시민들이 열광한 것은 물론이다. 앨 고어에게서 영감을 받은 작가 오세영은 《구텐베르크의 조선》(2008)이라는 소설을 발표하기도 했다.

앨 고어의 말은 허황된 말은 아닐 것이나 그렇다고 학계에서 공인된 역사도 아니다. 유추는 가능하지만 기록된 증거가 존재하지 않는다. 백보를 양보해서, 그것이 사실이라 할지라도 생각해야 할 문젯거리가 남는다. 서양 세계에서 근대를 탄생시킨 '변혁'의 수단으로 기능했던 인쇄술이, 한국을 비롯한 동양 사회에서는 역사를 바꾸는 데 거의 영향을 미치지 못했다는 점이다.

우리가 활판인쇄술을 먼저 발명했음에도 불구하고 역사 변혁의 힘으로 활용하지 못했던 이유는 '책'에 대한 동양 사회 특유의 관점 때문이다. 동양 사회의 정치 지배자들이 보기에 책은 일반 대중이 읽을 필요가 없는 것이었다. 경전이나 역사서를 인쇄한 목적도 주로 보관용이었지 열람하거나 널리 유포시키기 위한 것은 아니었다. 이런 연유로 동양의 활판인쇄술은 안타깝게도 역사 변혁의 추동력으로 작용하지 못했다.

이런 의미에서 '역사'는 《기네스북Guinness book of world records》과 다르다. 역사적 의의가 있다는 것과 《기네스북》에 오른다는 것에는 매우 큰 차이가 있다. 《기네스북》은 맥주회사 기네스가 세계 최고기록만을 모아 해마다 발행하는 세계 기록집이다. 맥주를 누가 많이 마시는지, 누가 가장 무거운 기관차를 끌 수 있는지, 맨손으로 1분 동안 콘크리트 벽돌을 몇 개나 격파할 수 있는지 따위를 다룬다. 세계 최초

最初, 최고最高, 최대最大, 최단最短 등은 호사가와 대중의 관심을 끌 만한 흥미로운 주제임이 분명하다. 하지만 그것은 역사적 의의historical significance와는 그다지 상관이 없다. 역사학의 관점에서는 누가 '최초'였는지가 아니라, 누가 '역사를 바꾸는 데 더 크게 기여했는지'가 훨씬 중요하다. 역사학의 핵심 주제는 '변화'이기 때문이다.

간발의 차로 뒤바뀐
잉글랜드의 운명

1064년 잉글랜드의 해럴드 백작은 부하들을 이끌고 영국 해협 순시에 나섰다가 폭풍을 만난다. 산 같은 파도와 싸우면서 가까스로 육지에 당도하고 보니 그곳은 해협 건너편 프랑스 땅이었다. 그는 그곳에서 노르망디 공작 기욤(윌리엄)에게 사로잡힌 신세가 된다. 해럴드와 윌리엄 모두 잉글랜드의 에드워드 참회왕(1042~66 재위)과 인척 관계였고, 국왕 에드워드에게 자식이 없었기에 두 사람은 왕위계승권을 놓고 경쟁관계에 놓여 있었다. 윌리엄은 포로 신세인 해럴드의 불리한 처지를 이용해 교묘한 술책으로 자신의 왕위계승권을 확고히 한다.

윌리엄은 해럴드를 잉글랜드로 떠나보내기 직전 노르망디의 주요 귀족들이 참석한 성대한 연회에 초대하여 깜짝 제안을 한다.

지난 두 달간 우리는 영광스럽게도 해럴드 백작과 함께 하는 즐거움을 누렸소. 둘 사이의 긴밀한 관계를 위해 나는 내 딸 아가타와 해럴드 백작과의 약혼을 선포하는 바이오. 이 유대를 더욱 공고히 하기 위해 해럴드 백작은 나를 주군主君으로 섬기는 데 동의했소. 친애하는 나의 사촌 에드워드가 세상을 떠나면 나는 잉글랜드의 왕좌에 앉을 거요. 해럴드 백작은 이 약정을 공식적으로 확인하기 위해 여러분들이 증인으로 지켜보는 앞에서 충성 서약을 하게 해달라고 했소.

해럴드의 얼굴에서 핏기가 사라졌다. 약혼이라니! 이를 거절하면 윌리엄과 그의 딸을 모욕하는 게 될 것이고, 그러면 저들은 절대 그냥 넘어가지 않을 것이었다. 부하들의 목숨도 걸려 있었다. 공작은 해럴드의 팔을 잡아 성골함聖骨函으로 이끌었다. 선택의 여지가 없어진 해럴드는 무릎을 꿇고 궤에 입을 맞추었다. 그가 몸을 일으켜 세우자 공작은 그의 손을 잡았다. 그러고는 그에게 궤에 바짝 붙어 서 있으라고 명했다. 공작은 성골함을 덮은 보자기를 벗겨 해럴드가 얼마나 대단한 유골에 대고 서약을 했는지 알게 했다.
서약의 담보가 된 것은 거룩한 성인들의 유골이었다. 중세는 종교가 최고의 가치로 받아들여지던 '신앙의 시대'였다. 성인의 유해에 대고 한 서약은 구속력이 매우 컸다. 약속을 지키지 않는 자는 사회적으로 매장되었다. 수많은 증인들이 보고 있었다. 해럴드는 마치 독약을 마신 듯 고통스러운 표정이 되었다. 봉건 세계와 교회, 그리고 천국이 잉글랜드 왕좌에 대한 윌리엄의 계승권을 증언하고 있었다. 문제는 그 서약이 '강요'에 의해 이루어졌다는 사실이었다.

1066년 1월 5일 에드워드 참회왕이 죽었다. 왕이 후사 없이 죽는다는 것은 나라의 재앙을 예고하는 것이나 다름없었다. 상황이 하루 빨리 안정되려면 잉글랜드에서 가장 존경받는 성직자 올드레드 대주교에게서 새 국왕이 왕관을 받아쓰고 기름부음을 받아야 했다. 대주교는 귀족들이 모인 자리에서 해럴드를 잉글랜드의 새로운 왕으로 지명했다. 에드워드의 시신이 웨스트민스터 대성당에 묻히던 바로 그 날 해럴드는 왕관을 썼다.

그 해 4월 하늘에 예사롭지 않은 조짐이 보였다. 긴 꼬리를 늘어뜨린 보름달만 한 혜성이 나타난 것이다. 2주 동안이나 사라지지 않고 하늘에 머물렀던 그 혜성은 76년 주기로 등장하여 항상 재난을 가져다준다는 핼리혜성이었다. 600년 뒤에 태어난 영국의 천문학자 에드먼드 핼리(1656~1742)가 발견한 바로 그 혜성이다.

에드워드 왕이 죽기 전 총리대신 역할을 맡아보던 해럴드는 1065년 말썽쟁이 동생 토스티그를 그의 영지인 노섬브리아에서 추방해야만 했다. 앙심을 품은 토스티그는 북유럽으로 건너가 반란 음모를 꾸미기 시작했다. 1066년 9월 토스티그는 노르웨이의 약탈왕 하랄 호로데와 함께 잉글랜드 북부로 상륙했다. 런던의 해럴드 왕은 북부 침공 소식을 듣자 군대를 모아 300킬로미터나 떨어진 요크에 이르기까지 하루 60킬로미터 이상의 속도로 달려갔다. 말에게나 사람에게나 무리가 되는 행군 속도였다. 9월 25일 스탐퍼드 브리지에서 적과 만났다. 왕은 먼 길을 오느라 지쳤음에도 토스티그와 하랄 호로데를 죽였고, 300척의 배를 타고 온 침입자들은 간신히 스물네 척의 배만 건져 달아났다. 반란 세력을 격퇴하는 데 성공한 것이다.

바이외 태피스트리의 일부(해럴드가 프랑스를 방문한 장면)

바이외 태피스트리Bayeux tapestry는 노르만 정복을 묘사한 중세 자수 작품이다. 주목할 만한 예술 작품이자 11세기 역사를 알려주는 귀중한 자료이기도 하다. 이 태피스트리는 길이가 약 70미터에 너비 약 50센티미터인 기다란 리넨에 해럴드가 프랑스를 방문한 장면부터 잉글랜드 인들이 헤이 스팅스 전투에서 패해 달아나는 장면까지 노르만 정복의 70여 개 장면을 수놓고 있다. 처음부터 끝까지 라틴어로 그림 설명이 수놓아져 있다. 11세기에 만들어진 이 태피스트리는 프랑스 북서부 지역 노르망디의 바이외 시에 보관·전시되어 있다. 이 태피스트리가 특별히 귀중한 이유는 그 당 시의 무기와 전술을 자세히 묘사하고 있기 때문이다.

그러나 화불단행禍不單行이었다. 또 다른 적의 공격이 있었다. 스탐 퍼드 브리지 전투가 있은 지 불과 사흘 뒤인 9월 28일, 노르망디 공 윌리엄이 700여 척의 배를 이끌고 잉글랜드 남쪽에 상륙했다. 이 소 식은 10월 1일 또는 2일이 되어서야 왕에게 전달되었다. 해럴드는 아 직 피로에 지쳐 있는 군대를 이끌고 다시 전속력으로 남쪽을 향해 질 주했다. 그것은 2주간에 걸친 두 번째 장기 강행군이었다. 해럴드의 군대는 지극히 불리한 조건에서 적을 맞이했다.

10월 14일 헤이스팅스에서 양측 군대는 결전을 벌였고, 치열한 전투 끝에 해럴드는 전사하고 만다. 왕위에 오른 지 9개월 만의 일이었다. 겁에 질린 잉글랜드군은 숲 속으로 달아났다. 윌리엄은 해럴드의 죽음을 기념하여 거대한 기념 교회—배틀 수도원 교회—를 세우라고 명했는데, 이 교회의 제단은 바로 해럴드가 쓰러져 죽은 그 지점에 세워졌다. '서약 위반자'에 대한 잔인한 보복이었다. 이로써 영국 역사에서 앵글로색슨 시대는 영원히 종말을 고한다.

헤이스팅스 전투가 치러진 1066년 10월 14일은 영국 역사의 중대한 전환점이었다. 전투는 그야말로 백중세였다. 약간의 변수, 약간의 행운만 있었어도 승리는 앵글로색슨인에게 돌아갈 수 있었다. 만일 해럴드가 승리를 거두었다면 윌리엄은 잉글랜드 정복 모험을 포기하는 수밖에 없었을 것이다. 윌리엄은 프랑스에서 증원군을 기대할 수도 없는 처지였다. 만일 해럴드가 승리를 거두었다면 잉글랜드는 유럽 대륙에 대해 한층 더 거리를 두었을 것이고, 앵글로색슨의 토착적인 문화, 예술, 문학은 우리가 예측할 수 없는 방향으로 발달했을 것이다. 영어는 지금과는 사뭇 다른 언어로 발전했을 것이다(윌리엄 정복 이후 프랑스어는 영어에 엄청난 영향을 미쳤다). 그러나 역사에서 가정은 부질없는 것. 운명의 여신은 윌리엄에게 미소를 보냈다.

24

노블레스 오블리주의 상징
'칼레의 시민'

백년전쟁(1337~1453)은 프랑스의 왕위계승 문제가 발단이 되어 영국
과 프랑스 사이에 벌어진 전쟁이다. 영국 왕 에드워드 3세는 1346년
크레시 전투에서 프랑스 군을 격파한 뒤 여세를 몰아 항구도시 칼레
로 진격, 식량 보급로를 끊고 도시를 포위했다. 도버 해협에 면한 이
도시는 해협 맞은편에 있는 영국 도시 도버에서 바다를 사이에 두고
34킬로미터(영국에서 최단 횡단 거리) 떨어져 있다. 영국 입장에서 볼
때 칼레는 프랑스로 진출하기 위한 관문으로서 전략적 가치가 매우
큰 도시였다. 11개월 동안이나 완강하게 버티며 저항하던 칼레는 식
량이 떨어지자 1347년 마침내 항복하고 말았다. 칼레 시의 시장은 시

민들의 목숨을 구하기 위해 영국 왕에게 칼레 시를 넘겨주겠다는 뜻을 밝혔다.

칼레 시의 장기간에 걸친 완강한 저항을 괘씸하게 여긴 에드워드 3세는 도시를 쑥대밭으로 만들려 했지만 생각을 고쳐먹고 한 가지 요구 조건을 제시했다. 칼레의 시민들 가운데 가장 명망 있는 여섯 명이 맨발에 속옷만 걸치고, 모자도 쓰지 않은 채 목에 밧줄을 감고, 성 밖으로 걸어 나와 성문의 열쇠를 갖다 바치면, 여섯 명을 교수형시키는 대신 나머지 주민들은 그대로 두겠다고 한 것이다. 여섯 명을 속죄양 삼아 희생시키는 조건으로 나머지 시민들은 살려주겠다는 뜻이다.

시장의 말을 전해들은 시민들은 혼란에 빠졌다. 무거운 침묵이 한동안 흘렀다. 어느 누구도 선뜻 나서려는 사람이 없었다. 바로 그때 한 사람이 천천히 일어나 "내가 그 여섯 명 중 하나가 되겠소"라고 말했다. 칼레 시에서 가장 부자인 외스타슈 드 생피에르였다. 그러자 뒤이어 법률가 등 귀족 계급에 속한 다섯 명의 시민이 차례로 나섰다. 칼레 시를 구하기 위해 희생을 무릅쓰고 영국 왕에게 나아가기를 자청한 여섯 명의 명단이 이렇게 확정되었다.

다음 날 여섯 명의 시민 대표는 시장 통에서 에드워드 3세의 진지를 향해 출발했다. 시장 통에 모인 사람들은 통곡을 하면서 그들의 이름을 불렀다. 심한 자책감에 사로잡혀 공황상태에 빠진 사람들의 눈물로 뿌옇게 흐려진 눈에, 사라져가는 여섯 명의 모습은 영원히 잊지 못할 이미지로 각인되었을 것이다. 시장은 칼레 시민들의 통곡 소리를 들으며 영국 왕의 요구대로 준비된 여섯 명의 인질들을 성문 밖 영국군 진영으로 인도했다. 여전히 분이 풀리지 않은 상태였던 영국 왕은 그들의 처형을 명령했다.

칼레의 시민The Burghers of Calais
로댕이 형상화한 '노블레스 오블리주'의 상징이 칼레 시청 앞에 설치되어 있다. 칼레의 영웅 6인
은 동포를 위해 목숨을 버리기로 작정하고 목에 밧줄을 건 채 맨발로 길을 떠났다. 시장 통에서 6
인이 떠나는 모습을 본 시민들은 항복했다는 굴욕감, 그럼에도 대다수가 목숨을 부지하게 되었다
는 안도감, 그리고 이를 위해 고귀한 신분의 시민 여섯 명이 스스로 목숨을 내놓아야 한다는 자괴
감으로 눈물을 흘렸다. '노블레스 오블리주'는 프랑스어로 '높은 사회적 신분에 상응하는 도덕적
의무'를 뜻한다.

그러나 임신 중이었던 영국 왕비가 왕에게 장차 태어날 아기를 생각해 그들을 사면해달라고 간청했고, 왕은 이에 감동해 여섯 명의 칼레 시민을 영국군 진영에서 풀어주었다. 기사회생起死回生, 그야말로 기적 같은 반전反轉이었다. 동시대 사람인 프르와사르(1337~1404)는 사건의 전 과정을 연대기에 기록했다. 여섯 명의 용기와 희생정신은 높은 신분에 따른 도덕적 의무인 '노블레스 오블리주' 의 상징이 되었다.

그로부터 500여 년이 지난 1884년, 오귀스트 로댕(1840~1917)은 칼레 시로부터 이들 위대한 여섯 명의 모습을 형상화해달라는 부탁을 받는다. 여섯 명의 이야기를 듣고 깊은 감명을 받은 로댕은 10년 넘는 세월을 작품에 바쳐 1895년 완성했고, 작품은 칼레 시청 앞에 설치되었다. 시장 통에서 떠나는 여섯 명의 모습이다. 독일의 대표적인 표현주의 극작가 게오르크 카이저(1878~1945)는 로댕의 작품에서 영감을 얻어 희곡 〈칼레의 시민〉(1914)을 썼다.

14세기 프랑스 칼레에 여섯 명의 의인이 있었다면, 20세기 우리나라에는 '칼레의 시민' 을 능가하는 여섯 형제가 있었다. 전 재산을 들고 나라를 구하는 일에 뛰어든 우당友堂 이회영李會榮 집안이다. 이회영은 오성과 한음 이야기로 유명한 백사白沙 이항복李恒福(1556~1618)의 11세손이다. 경주 이씨 백사공파는 이항복 이래 8대에 걸쳐서 연이어 9명의 영의정과 1명의 좌의정을 배출한 조선조 최고의 명문가다.

1905년 을사조약이 체결되자 이회영과 그의 형제들은 만주에 무력항쟁 기지를 설립할 구상을 하고 전 재산을 처분한 뒤, 1910년 12월 추운 겨울에 60명에 달하는 대가족을 이끌고 만주로 떠난다. 만주로 건너간 형제들은 황무지를 개간하며 독립운동기지 건설에 매진했다. 1911년 교민자치기관으로 경학사耕學社를 조직하고, 1912

년 독립군지도자 양성을 목적으로 신흥강습소新興講習所(뒤의 신흥무
관학교新興武官學校)를 설립했다. 그때 만주로 간 우당 6형제는 첫째 이
건영李健榮(1853~1940), 둘째 이석영李石榮(1855~1934), 셋째 이철영李
哲榮(1863~1925), 넷째 이회영李會榮(1867~1932), 다섯째 이시영李始榮
(1869~1953), 여섯째 이호영李護榮(1875~1933) 등이다.

이 망명을 주도했던 인물이 넷째인 이회영이었다. 그때 처분한 재
산은 자료에 따라 조금씩 추정치가 다르나 요즘 가치로 환산하면 600
억 원에 이르는 거액이었다고 전해진다. 1918년에 이르러 고국에서
가지고 온 자금이 바닥나자 이회영은 형제들에게 학교 운영을 맡기고
국내로 다시 잠입하여 고종의 중국 망명을 도모한다. 그러나 고종의
갑작스러운 사망으로 그 계획은 무위로 돌아가고 만다.

고종의 망명 계획 실패 이후, 이회영 일가는 중국의 빈민가를 전전
하며 갖은 고생을 하게 된다. 끼니도 못 잇고 굶은 채 누워 있기 일쑤
였으며 학교에 다니던 아이들 옷까지 팔아 겨우 연명할 정도였기 때
문에 가족들 중 누구 하나 바깥으로 나다니지도 못하는 형편에까지
이르렀다고 한다.

그럼에도 우당은 생활의 어려움에 굴하지 않고 블라디보스토크와
베이징北京, 상하이上海 등을 전전하며 독립운동에 헌신했고, 1921년
에는 단재丹齋 신채호申采浩와 함께 무정부주의 운동을 벌이며 분열된
임시정부의 단합을 위해 조정 역할을 맡기도 했다. 그러나 1932년 11
월 만주 일본군사령관 암살을 목적으로 상하이에서 다롄大連으로 가
던 도중 일본경찰에 체포되어 혹독한 고문 끝에 이역 땅에서 옥사했
다. 당시 우당의 나이는 환갑이 훨씬 지난 65세였다.

우당만이 아니다. 여섯 형제 중 우당을 포함한 다섯 형제와 그들의

가족 대다수는 굶주림과 병, 그리고 고문으로 세상을 떠났다. 끝내 고
국으로 돌아가지도 못하고, 조국의 해방도 보지 못한 채 타국 땅에서
쓸쓸히 생을 마감한 것이다. 다섯째인 이시영만이 유일하게 해방 이
후 살아서 귀국할 수 있었다. 칼레의 여섯 시민들에게는 마지막 순간
의 반전이라도 있었다. 그러나 여섯 형제 중 다섯 명이 이국땅에서 목
숨을 잃은 이회영 일가에겐 그런 해피엔딩이 없었다.

  1948년 정부가 수립되자 이시영은 초대 부통령에 당선되었다. 그
러나 대통령 이승만李承晩의 비민주적 통치에 반대하여 1951년 부통
령을 사임했다. 불의를 보면 좌시하지 못하는 가문의 전통은 해방된
조국에서도 계속된 셈이다. 이회영 일가의 일화야말로 우리가 세계에
자랑할 만한 노블레스 오블리주의 귀감이다.

제 3 부
근대 I

25

대담한 오류 덕분에
항로를 찾아내다

음식점 테이블마다 놓여 있는 흔해빠진 후추의 무게당 가격이 12세기 유럽에서는 은銀값과 같았다고 하면 믿을 수 있을까. 후추 1킬로그램이 은 1킬로그램의 가격이었다니 말이다. 중세 서양에서 후추의 가치는 귀금속과 같았다. 후추로 땅을 사기도 했고 후추의 무게로 관세를 책정하는 제후와 자치 도시도 등장했다. 우리나라에선 돈이 아주 많은 사람을 재벌그룹 총수 이름에 빗대어 "이병철만큼이나 돈이 많다"고 말하곤 한다. 그런데 중세 유럽에선 굉장한 부자를 가리켜 '후추포대'라고 빈정대곤 했다. 금은金銀을 재던 저울에 이제는 생강, 계피, 장뇌 등이 올라갔고, 행여 문틈으로 이 귀한 물건이 가루 한 톨이라도 날아갈까 하여 문이란 문은 죄다 꼭꼭 닫아걸었다.

인도와 말레이 제도 등지에서 잡초처럼 아무데서나 자라는 계피, 정향, 후추 등이 유럽에 왔다하면 몸값이 수백 배 치솟는다. 이런 가격 폭등이 오늘날에는 터무니없어 보일지 몰라도 당시 화물 운송에 따르는 엄청난 어려움을 감안하면 당연한 일이다. 원산지에서 온갖 난관을 뚫고 열대 바다와 홍해와 사막을 거쳐 유럽의 최종 소비자에 이르기까지 적어도 열두 번의 단계를 거치면서 폭리에 폭리를 거듭하는 것이다. 특히 이집트와 시리아를 통과할 때면, 현지의 술탄들이 낙타 한 마리당 또는 자루 한 개당 세금을 물리는데, 그 액수가 어마어마했다. 그야말로 노상강도 수준이었다.

콜럼버스가 대서양을 건너 서쪽으로, 바르톨로뮤 디아스와 바스코 다 가마가 아프리카를 돌아 남쪽으로 대담하게 떠난 배경에는, 무엇보다도 세금을 물지 않고 인도를 오갈 수 있는 자유로운 항로를 찾겠다는 결연한 의지가 있었다. 결정적인 발명·발견에는 언제나 정신적·도덕적 동기가 추진력을 제공하지만, 그것이 구체적으로 실천에 옮겨지기 위해서는 물질적 자극이 필요하다. 대문호 도스토옙스키도 도박 빚을 갚기 위해 소설을 썼다고 하지 않던가. 탐험이 성공할 경우 소요 비용의 1천 배나 되는 이윤을 돌려받을 수 있으리라는 기대가 없었더라면 그 어떤 군주도 콜럼버스와 마젤란의 계획을 지원하지 않았을 것이다.

마젤란(1480~1521)은 포르투갈 출신으로서 포르투갈 왕을 위해 선원 생활을 했다. 하지만 포르투갈 왕의 버림을 받고 이웃 경쟁국가인 에스파냐 왕을 찾아가 그의 후원으로 콜럼버스가 미처 이루지 못한 탐험을 하게 된다. 우리가 잘 알고 있듯이, 콜럼버스(1451~1506)는

'아메리카'를 발견하기 위해서가 아니라 '인도'로 가기 위해 출항했다. 그러나 피사로가 1533년 잉카를 정복하기 전까지만 해도 아메리카 발견은 상업적 관점에서 실패작에 지나지 않았다. 황금에 굶주린 에스파냐 인들은 아메리카를 식민지로 관리하기보다는 아메리카를 돌아 원래의 목적지인 '보석과 향료의 낙원' 아시아에 도달하는 데 더 주력했다.

에스파냐 왕의 명령을 받들어 신대륙을 돌아 포르투갈보다 먼저 동양의 향료군도에 도달하려는 노력과 시도는 끊임없이 있었다. 그러나 결과는 실망스러웠다. 신대륙 아메리카는 그들의 예상보다 훨씬 더 광대한 대륙으로 밝혀졌기 때문이다. 남쪽으로건 북쪽으로건 '인도양'—그들은 태평양의 존재를 전혀 몰랐다—을 향해 나아가려고 했으나 도처에서 뱃길이 막혔다. 북극에서 남극까지 길게 뻗은 아메리카 대륙이 버티고 있었던 것이다.

수많은 탐험대가 대서양에서 인도양으로 가는 '통로'를 찾으려 시도했다. 하지만 모두 실패했다. 급기야 에스파냐는 풍요로운 '인도양'으로 나아가는 통로가 존재하지 않는다는 사실을 인정하지 않을 수 없었다. 자포자기 상황이었다. 바로 이때였다. 무명의 선원 마젤란이 절대적 확신을 갖고 열정적으로 선언했다. 대서양에서 인도양으로 가는 통로의 구체적 위치를 알고 있으니 함대만 지원해준다면 동에서 서로 지구를 한 바퀴 돌아오겠다는 것이다.

마젤란의 계획은 그 자체로는 독창적인 것이 아니었다. 콜럼버스나 아메리고 베스푸치가 추진했던 계획도 그와 다를 바 없었다. 깜짝 놀랄 만큼 새로운 것은 그 '제안'이 아니라, 인도로 가는 서쪽 항로가 존재한다는 그의 '절대적 확신'이었다. 그는 다른 사람들처럼 "어디에선가 이 통로를 발견하리라 생각합니다"라고 조심스럽게 말하지 않았다. 처음부터 확신에 찬 어조로 그 통로를 찾아낼 수 있다고 자신 있게 말했다. 자신만이 그 통로의 정확한 위치를 알고 있다는 것이다.

그렇다면 과연 마젤란은 어떤 정보를 근거로 그처럼 자신만만할 수 있었는가. 밝혀진 바에 따르면, 그는 오래전부터 미지의 해로가 존재한다고 확신했는데, 그의 확신은 독일의 지리학자 마르틴 베하임(1459~1507)의 보고서를 접했기 때문인 것으로 추정된다. 마르틴 베하임은 죽기 전까지 포르투갈 국왕의 지도제도사로 재직했었고, 마젤란은 지난날 포르투갈 왕을 위해 일할 때 왕궁 비밀서고를 출입하면서 베하임이 작성한 자료를 들춰본 적이 있었다.

베하임의 자료에 의하면, 남아메리카의 남위 40도 부근에는 하나의 만灣이 있으며, 항해자들이 이틀 동안이나 그 만을 항해했지만 끝이 보이지 않아서 결국 이 만이 어디까지 뻗어 있는지 알아내지 못한 채 폭풍에 쫓겨 되돌아올 수밖에 없었다. 베하임은 선원들의 보고에 근거해 그것이 그토록 찾아 헤매던 '인도양으로 들어가는 통로'라고 봤고, 마젤란은 이 보고서를 신빙성이 있다고 철석같이 믿었다.

오늘날 우리는 베하임이나 마젤란이 알지 못했던 진실, 즉 이 '통로'가 실은 남위 40도가 아닌, 그보다 훨씬 남쪽의 52도 부근에 놓여 있다는 것을 정확하게 알고 있다(남아메리카 최남단에 위치한 이 통로는 마젤란이 발견했으므로 그의 이름을 따서 '마젤란 해협'으로 불린다). 그렇다면 베하임의 보고서에 언급된, 항해자들이 40도 부근에서 목격한 만은 대체 무엇이었을까. 남아메리카의 우루과이와 아르헨티나의 경계에는 라플라타 강이 흐른다. 이 강이 대서양으로 흘러가면서 바다처럼 넓은 면을 이루는 것을 본 사람이라면 누구라도 이 강의 거대한

마젤란

마젤란의 업적은 대담한 발상으로 최초의 세계일주 항해를 훌륭하게 이끌었다는 데 있다. 그는 또 태평양을 동쪽에서 서쪽으로 횡단한 최초의 항해가였다. 그 항해의 결과로 마젤란은 당시 신 대륙에서 단 며칠만 서쪽으로 항해하면 동인도에 도착할 것이라던 생각을 뒤집었다. 대신 그는 3 개월 이상 걸린 항해 끝에 함대를 횡단시키는 데 성공했다.

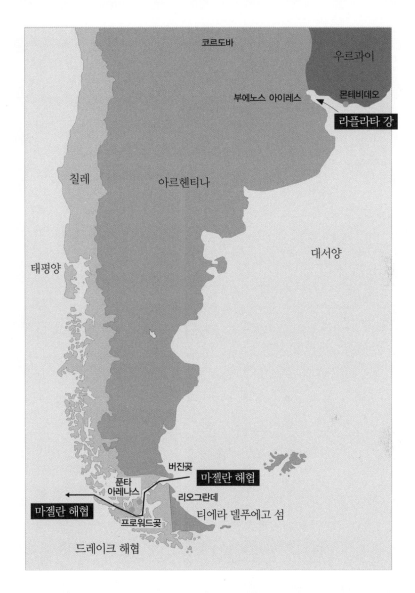

코로도바

우르과이

몬테비데오

부에노스 아이레스

라플라타 강

칠레

아르헨티나

대서양

태평양

버진곶

마젤란 해협

푼타
아레나스

리오그란데

마젤란 해협

프로워드곶

티에라 델푸에고 섬

드레이크 해협

마젤란 해협

우루과이와 아르헨티나의 경계에는 라플라타 강이 흐른다. 마젤란은 이 강이 '대서양'에서 '인도양'으로 가는 통로라고 확신했다. 그러나 라플라타는 결국 해협이 아니라 강어귀임이 밝혀졌다. 진짜 통로는 훨씬 남쪽에 있었고, 그의 이름을 따서 마젤란 해협이라고 불리게 되었다.

하구를 만이나 바다로 착각할 수밖에 없을 것이다. 유럽에서 한 번도 그와 같은 거대한 강물을 본 적이 없던 이 항해자들이 망망하게 펼쳐진 강을 보고 이것이야말로 '인도양으로 들어가는 통로'임에 틀림없다고 환호성을 올린 것은 당연한 일이었다.

베하임의 보고서를 근거로 세계 일주라는 거창한 계획을 세웠을 때 마젤란은 잘못된 자료에 현혹되어 있었다. 그가 '절대적 확신'을 가질 수 있었던 비밀의 열쇠는 '오류를 진정으로 믿었고 진정으로 받아들였다는 데' 있었다. 그러나 누가 이 오류를 경멸할 수 있단 말인가. 시대정신에 부합되고 우연에 의해 인도되면 가장 어처구니없는 오류에서도 최고의 진실이 생겨날 수 있는 법이다. 수많은 중요한 학문적 발명, 발견들도 그릇된 가정에서 비롯되지 않았던가. 한 예로 근대 이후 발달한 과학인 화학chemistry도 중세의 마술적인 연금술alchemy에서 비롯된 것이었다.

지구의 크기를 실제보다 훨씬 작게 엉터리로 계산해놓고 최단거리로 인도의 동해안에 닿을 수 있으리라고 현혹한 토스카넬리의 지도가 없었더라면, 콜럼버스는 대양으로 떠나려고 하지도 않았을 것이다. 부정확한 베하임의 보고서를 마젤란이 우직하게 믿지 않았더라면, 함대를 달라고 왕을 설득하지도 못했을 것이다. 오류에 모든 것을 걸고 바쳤기 때문에 그는 당대의 가장 큰 지리학적 비밀을 풀어낼 수 있었다.

1520년 11월 28일, 마젤란 함대는 천신만고 끝에 남아메리카 남단을 돌아 훗날 자신의 이름이 붙여진 마젤란 해협을 통과했다. 첫 번째 난관을 돌파했다. 하지만 더 큰 어려움이 기다리고 있었다. 미지의 거대한 바다(태평양)가 펼쳐져 있었다. 이 대양 횡단은 최초의 달 착륙에 견줄 만한 대단한 사건이었다.

콜럼버스의 항해도 마젤란의 모험과 비교할 수 없다. 콜럼버스는 33일을 항해했을 뿐이고, 상륙 1주일 전부터 해초와 새들 때문에 대륙이 가까이 있음을 알았다. 그러나 마젤란은 그야말로 망망대해 속에서 희망 없는 100일을 지냈다. 가까스로 1521년 3월 6일 서태평양의 괌에 도달했다. 하지만 마젤란은 4월 27일 필리핀 원주민과의 전투에서 사망하고 말았다. 이듬해 9월 5일, 1,080일 동안 247명의 목숨을 희생한 끝에 세계 일주를 마친 생존자 18명이 에스파냐의 세비야 대성당에서 죽은 동료들을 위해 기도를 올렸다.

마르크스의 동료인 프리드리히 엥겔스는 마젤란 이후의 유럽을 이렇게 말했다. "어느 한순간 세상이 커졌다. 유럽인의 눈앞에는 전 세계의 8분의 1이 아닌 완전한 하나의 세계가 펼쳐졌다. 이들은 나머지 8분의 7을 차지하기 위해 앞 다투어 세계로 뻗어나갔다."

26

천연두로 몰락한
아스텍 문명

2009년 멕시코에서 처음 발생한 '신종 플루'는 아메리카, 아시아, 유럽 등 세계 각지를 돌며 1만 7천 명이 넘는 사망자를 냈다. 멕시코에서는 2009년 4월부터 14개월간 1,200여 명이 목숨을 잃었다. 그 후 멕시코 정부는 신종 플루에 적극 대처하며 국민의 면역력을 키운 것으로 여겨졌으나, 2012년 들어 다시 환자가 급증하며 감염 공포가 고개를 들었다. 전체 독감 감염자 637명 중 573명이 신종 플루 감염자로 파악되는 등 감염자 수가 급증한 것이다.

신종 플루 감염자가 가장 많이 발생한 멕시코는 아스텍 문명이 꽃핀 곳이다. 16세기 초 에스파냐 정복자 코르테스가 아스텍 제국을 정복할 무렵 이 지역 인구는 2,500~3,000만 명에 달했다. 반면 코르테스 군대는 600명이 채 되지 않았다. 에스파냐 병사 한 명에 아스텍인 5만 명꼴이다. 5만 대 1의 압도적인 열세였던 에스파냐군은 어떻게 승리를 거둘 수 있었을까?

1519년 11월 아스텍 수도 테노치티틀란(지금의 멕시코시티)에 진입했던 코르테스는 1520년 아스텍 군대의 저항에 밀려 퇴각했다. 그런데 코르테스가 퇴각한 지 넉 달 후 테노치티틀란에 천연두가 발생했다. 코르테스에 대한 공격을 주도했던 지휘관을 비롯해 수많은 아스텍인이 죽어갔다. 천연두를 처음 경험한 아스텍인들은 전염병의 공포 앞에 속수무책이었다. 천연두에 대한 면역력이 전혀 없었으므로 질병 발생 초기에 인구의 25~30퍼센트가 죽어나갔다. 무수히 죽어가던 원주민들의 눈에 기이해 보이는 현상이 하나 있었다. 이상하게도 그 질병이 원주민만 죽이고 에스파냐인에게는 아무런 피해도 주지 않았던 것이다. 이는 같은 감염증이라도 그것을 경험한 집단에는 피해를 주지 않지만, 경험한 적 없는 집단에 침입하면 감염자 상당수의 목숨을 앗아가기 때문에 벌어진 현상이었다.

이런 일방적 현상은 엄청난 심리적 파장을 불러일으켰다. 근대과학을 모르던 시대에, 그것은 초자연적 현상으로밖에는 설명할 길이 없었다. 전투를 벌이는 양자 중 어느 쪽이 '신의 은총'을 받고 있는지는 너무나 명백했다. 코르테스 퇴각 후 발생한 천연두는 에스파냐군을 공격했던 자들에 대한 신의 징벌처럼 보였다. 신이 일방적으로 침략자들만 두둔하는 것은 신이 백인 침략자의 모든 행위를 인정해주는 것으로 받아들여졌다. 그 결과 아스텍인들 중 일부가 코르테스에게 자진해서 복종하기로 했고, 에스파냐군은 그들의 도움으로 테노치티

코르테스

1519년 2월 18일 유카탄 해안을 향해 떠날 때, 코르테스는 11척의 배와 508명의 병사, 약 100명의 선원과 말 16필을 거느리고 있었다. 본토에 상륙한 코르테스는 다른 어떤 원정대 지휘자도 한 적이 없는 일을 했다. 군대를 훈련하고 엄한 규율로 단련하여 응집력 있는 하나의 집단으로 통합한 것이다. 무엇보다도 그는 타고 온 배들을 모조리 불태움으로써 불만에 단호히 대처하겠다는 결의를 극적으로 표현했다. 이 간단한 행동으로 그는 배수진을 친 셈이었다. 그 자신과 부대 전체가 살아남기 위해서는 원주민을 정복하는 일에 전력투구할 수밖에 없었다.

틀란을 다시 정복할 수 있었다. 천연두가 발생하지 않았다면 코르테스는 승리를 얻기가 더욱 힘겨웠거나 어쩌면 불가능했을 것이다.

코르테스가 멕시코를 원정한 지 50년가량 지난 1568년에 멕시코 인구는 300만 명으로 줄어들었다. 코르테스가 아스텍 제국에 상륙하던 무렵의 10퍼센트에 불과했다. 불과 반세기 만에 인구의 90퍼센트가 사라진 것이다. 그 후 50년 동안 인구는 계속 줄어들어 1620년에는 160만 명이라는 최저치에 도달했다. 18세기에 이르기까지 이 지역의 인구는 아주 조금씩 늘어났을 뿐이다.

500년 전 참극의 현장이었던 멕시코가 21세기 초입에 '신종 플루'의 최대 피해국으로 떠올랐으니 얄궂은 운명이 아닐 수 없다.

27

목숨보다 신용을
중요시한 바렌츠 선장

1653년 7월 30일, 네덜란드 하멜 일행을 태운 상선 스페르베르 호가
대만을 떠났다. 그들은 일본 나가사키로 향하던 도중 태풍을 만났다.
닷새 동안의 악전고투 끝에 제주도에 표류한 것은 8월 16일이었다.
조선에 상륙한 '최초의 서양인 집단'이었던 하멜 일행은 그 뒤 13년
동안 억류되어 있다가 일본으로 탈출했다. 이 배의 서기였던 하멜은
조선 땅에서 겪었던 이야기를 보고서 형식으로 집필했다. 이것이 저
유명한 《하멜 표류기》다.

   하멜의 조국 네덜란드는 조선보다도 작았지만 당대 유럽 최강국이
었다. 수도인 암스테르담은 세계 최대의 항구이자 20세기 미국의 월

스트리트에 맞먹는 유럽의 경제 중심지였다. 당시 유럽이 보유한 선박의 4분의 3이 네덜란드 국적이었다. 그들의 배는 오대양을 누비고 다닐 만큼 크고 성능도 좋았다. 러시아의 개혁 군주 표트르 대제가 신분을 숨기고 조선 기술을 배워간 곳도 네덜란드였다. 프랑스 역사가 브로델의 말처럼 17세기 유럽사의 주인공은 네덜란드였다. 이 무렵 네덜란드에서는 프랑스 철학자 데카르트가 《방법서설》을 쓰고 있었고, 유대인 스피노자는 렌즈를 연마하면서 철학을 연구하고 있었다.

네덜란드는 막강한 제해권을 바탕으로 북아메리카 허드슨 강에 식민지를 건설하고 그 중심지를 뉴암스테르담이라 칭했다. 17세기 후반 영국이 이곳에 진출하면서 네덜란드와 경쟁을 벌인 끝에 이 도시를 장악하고 이름을 뉴욕으로 바꾸기 전까지 뉴암스테르담은 번영을 누렸다. 네덜란드인은 바타비아(인도네시아의 자카르타)를 거점으로 대만, 일본 등과도 활발한 무역 활동을 벌이면서 아시아 무역의 황금시대를 구가했다. 우리가 20세기 후반에 들어 겨우 눈 뜬 '세계경영'을 그들은 이미 17세기에 훌륭하게 수행하고 있었다.

하멜 일행은 선진국 선원답게 제각기 기술 한 가지씩은 가지고 있었다. 그들은 조선술, 소총·대포 제작, 축성, 천문학, 의술 등에 일가견이 있었다. 이 기술들은 조선에 쓸모가 큰 것들이었다. 그러나 당시 조선의 왕이던 효종과 그의 신하들에게는 그들의 쓸모를 알아보는 안목이 없었다. 조정은 하멜 일행이 십 수 년이나 억류되어 있었는데도 어느 나라 사람인 줄 몰라서 남만인南蠻人이라고만 부르다가, 그들이 탈출한 뒤 일본 정부에서 보내온 외교 서한을 보고 나서야 비로소 그들이 네덜란드[阿蘭陀] 사람인 것을 알았다. 네덜란드인이 전 세계를 누비며 말 그대로 '세계경영'을 하고 있었지만, 우리는 하멜이 어느 나라 사람인지도 몰랐다.

한양으로 끌려온 세계 일등 선진국 선원들은 기껏 국왕 호위에 장식품으로 동원되고, 사대부 집에 불려가 춤을 추고 노래를 불러주면서 푼돈을 벌었다. 조선 조정이 그들의 표착을 계기로 넓은 세상에 눈을 뜨고 미래를 준비했더라면 그 후 한국 역사는 다른 길을 걸었을 것이다. 선조에서 효종에 이르기까지 조선의 국왕과 신료들은 무능한데다 국제 감각도, 역사의식도, 국가 전략도 없었다. 못난 조상들이었다.

우리가 이렇게 잠들어 있는 동안 네덜란드에서는 무슨 일이 있었을까. 하멜 표류 사건 반세기 전인 1596년 여름, 네덜란드의 선장이자 지도제작자, 모험가였던 상인 빌렘 바렌츠(1550~1597)는 1596년 세 번째 북극항로 개설에 나선다. 이미 두 번의 항로 개설에 실패했으므로 이번에는 어느 누구의 지원도 받을 수 없었다. 그는 두 척의 작은 배를 구입하여 다시 항해에 나섰다. 이번에는 장비도 변변치 않았다. 단지 1개월 정도를 버틸 수 있는 빵이 고작이었다. 대신 그 두 척의 배에는 소금에 절인 쇠고기, 버터, 치즈, 빵, 호밀, 콩, 밀가루, 기름, 식초, 겨자, 맥주, 와인, 훈제베이컨, 햄, 생선, 모포, 옷 등 러시아 시베리아의 고객들에게 배달할 무역상품들이 가득 실려 있었다.

그들은 시베리아의 고객들에게 물자를 가져다주기 위해 항해를 계속하던 도중 노바야젬랴 섬 근처에서 빙하에 갇히게 된다. 이윽고 식량이 떨어졌고 그들은 여우와 북극곰을 사냥하면서 허기를 달랬다. 그러나 이것도 여의치 않아 끝내 식량 부족으로 17명의 선원 중 8명이 굶어죽었다. 그 사이 다행히 빙하가 녹아 살아남은 선원들은 배를 돌려 네덜란드로 향했다. 그러나 배가 항해를 다시 시작한 지 1주일 만인 1597년 6월 20일 선장 바렌츠도 먹지 못해 사망했다.

빌렘 바렌츠 선장의 배

북극곰을 사냥하는 게리트 드 베어

네덜란드 사람이라면 누구나 다 아는 이야기가 있다. 빌렘 바렌츠 선장이 이끄는 네덜란드 선박이 북극해를 지나던 중 바다가 얼어 꼼짝달싹도 못하게 되었다. 이로 인해 바렌츠 선장과 17명의 선원들은 북극해 근처에서 무려 수개월 동안 겨울을 보내야 했다. 선장과 17명의 선원은 동토에 올라 배의 갑판을 뜯어 움막을 짓고 영하 40도의 혹독한 추위를 견뎌내며 겨울을 보냈다. 그들은 식량이 떨어져 여우와 북극곰을 사냥해 가면서 허기를 달랬다. 바렌츠의 선원으로서 항해일지를 담당했던 게리트 드 베어Gerrit de Veer가 북극해에 갇힌 배와 북극곰과 싸우는 선원들의 모습을 그렸다.

그들은 그 후 러시아 선박에 구조되어 4개월 후 네덜란드의 암스테르담에 돌아가게 된다. 그런데 그들의 조사를 맡았던 네덜란드 공무원들은 뜻밖에 놀라운 사실을 알게 되었다. 그들이 고객들에게 전달할 식량과 모포와 옷들을 단 하나도 건드리지 않았던 것이다. 이 식량의 일부를 먹었더라면 그들은 사망하지 않았을 수도 있었다. 그러나 굶어 죽을망정 화물은 손대면 안 된다는 상인정신이 그들에게는 있었다. 목숨 걸고 신용을 지켜 후세에 길이 남을 상도덕의 선례를 남긴 것이다. 그 덕분에 네덜란드인들은 17세기 유럽의 해상 무역을 독점하다시피 했고 번영의 꽃을 피울 수 있었다.

28

루터의 만인사제주의와 근대

1517년 10월 31일, 마르틴 루터Martin Luther는 가톨릭의 면벌부 판매를 반박하는 95개조 논제를 비텐베르크Wittenberg 성城 교회 대문에 내걸었다. 이 사건을 시작으로 루터는 그 자신이 전혀 예기치 못했던 거대한 역사적 흐름을 이끌게 되었다. 1519년 수많은 군중이 운집한 가운데 벌어진 라이프치히Leipzig 토론에서 루터는 대담하게 교황도 오류를 범할 수 있는 일개 인간에 불과하며, 한 개인의 양심을 지배하는 최고의 권위는 성경의 진리뿐이라고 주장했다. 이에 대해 교황 레오Leo 10세는 이 수도사를 이단자로 기소하는 것으로 대응했다.

루터의 생애에서 가장 창조적인 시기는 1520년이었다. 이 해에 그

마르틴 루터
종교개혁자 마르틴 루터. 그가 종교개혁의 주요 원리로 제시한 만인사제주의는 개인의 권리를 옹호하고 양심의 자유를 확립함으로써 근대 자유주의의 발전에 기여했다.

는 자신의 종교개혁 이념의 기초가 될 세 편의 중대한 팸플릿을 작성했다. 이 저술들을 통해 그는 자신의 세 가지 신학적 전제, 즉 믿음지상주의sola fide, 성경지상주의sola scriptura, 그리고 만인사제주의priesthood of all believers를 주장했다. 1520년의 저술들은 인쇄술의 힘으로 널리 유포됐고, 루터는 대중으로부터 광범하고도 열렬한 지지를 받았다. 이 독일인 '반란자'는 1520년 말에 자신의 주장을 철회하라는 레오 10세의 교서를 받자, 수많은 군중이 지켜보는 가운데 그 교서를 불 속에 집어 던졌다. 이 일을 계기로 사태는 급진전했다.

루터는 1521년 초 보름스Worms 시에서 개최된 신성로마제국 제후들의 국회에서 심문을 받게 되었다. 보름스 국회의 의장이자 신성로마 황제인 카를 5세 앞에서 루터는 감히 선언했다. "나의 양심은 하나님의 말씀에 사로잡혀 있습니다. 나는 아무 것도 취소할 수 없고 또 취소하지도 않을 것입니다. 왜냐하면 양심에 어긋난 행동을 한다는 것은 안전하지도 않고 옳지도 않기 때문입니다. 나는 달리 어찌 할 수 없습니다. 여기 내가 있나이다. 하나님이시여 이 몸을 도우소서, 아멘."

믿음지상주의

믿음지상주의란 무엇인가? 그것은 인간이 하나님 앞에서 죄인이라는 전제로부터 출발한다. 비유로써 설명해보기로 하자. 인간이 죄인이라 하고, 무거운 벌금을 물어야만 자유를 얻을 수 있다고 하자. 아무리 벌금이 무겁다 해도, 인간에게 있어서 자유란 그 벌금보다도 훨씬 더 큰 가치를 갖는 것이며, 따라서 인간은 매우 헐값에 제의를 받은 셈이다. 따라서 그 벌금을 지불할 능력이 있는 한 인간은 아무런 어려움도 겪을 필요가 없다.

그러나 루터는 (아우구스티누스와 마찬가지로) 자신에게 벌금을 낼 능력이 전무하다고 생각했다. 여기에 루터의 실존적 고민이 있었던 것이다. 하지만 루터는 1515년경 '믿음만에 의한 의인義認'의 원리를 깨닫게 되면서 절망으로부터 탈출했다. 루터에 의하면, 인간은 자유를 사는 데 필요한 돈을 하나님으로부터 제공받았다. 다시 말해서 하나님이 의인에 필요한 모든 것을 제공했으며, 인간은 단지 그것을 받아들이기만 하면 된다는 것이다.

의인에 있어서 하나님은 적극적이고 인간은 수동적이다. 하나님은 베풀고 제공하며, 인간은 이를 받아들이고 향유한다. 루터의 '믿음만에 의한 의인'의 교리는 신이 인간의 구원에 필요한 모든 일을 한다는 사실의 확인이었다. 믿음 그 자체마저도 인간의 행위라기보다는 하나님의 은혜였다. 그러므로 참된 회개란 은혜를 얻기 위한 '전제 조건'이라기보다는, 은혜에 대한 감사의 마음으로 자연스럽게 우러나는 '결과'인 셈이다.

성경지상주의

믿음지상주의가 종교개혁의 질료적 원리material principle라면, 성경지상주의는 종교개혁의 형상적 원리formal principle에 해당한다. 루터는 교황을 제위에서 끌어내리고 그 자리에 성경을 올려놓았다. 루터에게 종교적 진리의 유일한 근원은 성경에 계시된 하나님의 말씀이었다. 성경만이 권위를 갖는 이유는, 그것이 하나님의 말씀을 기록한 책이며, 하나님의 은혜로 믿음을 부여받은 사람들이 하나님과 서로 소통할 수 있는 통로였기 때문이다.

만인사제주의

루터는 모든 개혁이 신자 개개인의 가슴속에서 시작해야만 한다고 선언했다. 신자와 그리스도를 결합시키는 것은 믿음뿐이었다. 인간의 영혼은 믿음에 의해, 성경에 드러난 하나님의 말씀을 통해, 비로소 의롭다 여김을 얻고 하나님의 참된 자녀가 되는 것이다. 하나님과 한 인간의 영혼 사이에는 다른 인간이 개입할 수 없었다. 영적인 지위 면에서 평신도는 성직자와 대등했다. 평신도와 성직자 모두 오직 믿음을 통해 하나님에게 직접 나아갈 수 있는 존재이기 때문이다. "모든 평신도는 하나님 앞에 나아갈 자격이 있으며, 서로 기도할 수 있고, 하나님에 관한 것을 서로 가르칠 수 있다"는 것이 루터의 생각이었다. 영적인 평등사상을 주창한 것이다.

만인사제주의의 역사적 전개

종교개혁의 주요 원리 중 하나로서 제시된 만인사제주의는 흔히 정치적 의미에서의 개인의 권리를 옹호하고 자유주의의 원리를 만들어낸 것으로 이해되고 있다. 사실 종교개혁은 양심의 자유와 관용의 미덕을 확립해 민주주의와 자유주의의 발전에 기여할 목적을 가진 것으로 생각하기 쉽다. 그러나 정작 루터 자신은 자유주의에도 민주주의에도 관심이 없었다. 종교개혁과 자유주의와의 긍정적인 관계는 루터가 전혀 예기치 않았던 결과로의 발전이었다.

그러나 루터가 제시한 만인사제주의는 그의 의도와는 상관없이 근대 유럽의 정치적·사회적 발전에 중요한 역할을 했다. 루터는 만인사제주의가 민주주의적 정치 구조를 의미한다고는 전혀 생각한 바가 없었다. 독일 농민전쟁에 대한 루터의 태도에서도 볼 수 있듯이, 그는 사회적 불평등은 필요하다고 믿었고, 농노제의 폐지를 주장하는 자들은 도둑질을 부채질하는 자들이라고 비난했다. 그가 주장한 깃은 어디까지나 영적 평등이었던 것이다.

그럼에도 불구하고 루터의 만인사제주의는 훗날 개인주의의 성장을 크게 자극했다. 하나님의 음성을 듣고 영감을 얻었다고 주장하는 사람들은 누구나 하나님의 뜻에 대한 자신의 이해가 다른 사람보다 정확하다고 주장할 수 있었고, 모두 다 제각기 성경을 독자적으로 해석할 수 있었기 때문이다.

인식론적 개인주의

성경 해석상의 이러한 인식론적 개인주의認識論的 個人主義는 그 후 17세기 잉글랜드의 시인이자 급진적 프로테스탄트인 존 밀턴John Milton에 이르러 철저한 논리성을 갖추게 되었다. 밀턴은 성경 해석에서 양심이야말로 가장 중요한 시금석이라고 주장했다. 밀턴에 의하면, 어떤 신학자도 평신도에게 성경을 일방적으로 해석해줄 수 없었다. 오직 신학자의 해석이 그 평신도의 양심(올바른 이성)에 입각한 해석과 일치될 때에만 그 해석은 평신도에게 유용한 것이 될 수 있다는 것이다.

이러한 밀턴의 인식론적 개인주의는 필연적으로 개개인이 파악한 성경 진리의 자유로운 표현과 토론을 옹호하는 주장으로 이어졌다. 그 후 그것은 근대의 세속화 과정과 더불어 종교적 특징이 탈색됐고, 19세기에 이르러 존 스튜어트 밀John Stuart Mill이 《자유론》에서 사상과 언론의 자유를 주장함으로써 절정에 이르게 되었다.

종교개혁의 개인주의는 또한 평등주의 사상을 불러일으켰다. 루터는 "만일 성직자가 살해되면 나라 전체가 파문 당하는데, 농부가 살해되면 왜 그렇지 않은가? 두 사람은 똑같은 기독교인인데 어째서 그토록 큰 차이가 발생하는가"라고 물었다. 루터는 이 평등론을 영적인 세계에 국한시키려 했을지 모르나 영적 세계와 현실의 세계를 분리시킨다는 것은 쉽지 않은 일이었다. 사실 가톨릭교회의 계서제hierarchy에 대한 공격에서 세속적 불평등에 대한 공격까지의 거리는 오십보백보였다. 아니나 다를까. 급진적 종교개혁을 주장한 재세례파는 1520년대 이후 세속적 불평등에 대한 공격을 개시했다. 종교개혁의 민주주의적 함의는 근대 초기 급진주의 정치사상의 주요한 원천이었다.

만인사제주의와 자유주의

루터의 종교개혁에서 천명된 만인사제주의는 종교 문제에 대한 개인적 판단private judgement을 행사할 수 있는 자각적이고 지적으로 성숙한 프로테스탄트 개인들을 전제로 했다. 그리고 만인사제주의에 내포된 인식론적 개인주의는 세속주의의 물결에 의해 종교적 색채가 씻겨나가기만 하면 곧장 정치적·사회적 영역에 적용될 수 있었다.

개인주의가 사회적 결속력의 약화와 파편화를 초래할 것처럼 보일지도 모른다. 그러나 그것은 개인의 자아 성숙과 도덕적 건강성에 통합의 기반을 갖고 있었다. 자유주의는 바로 이러한 개인주의의 철학적 토대 위에 구축된 것이었다.

1980년대 이후 우리 사회 일각에서 확산된 포스트모더니즘 담론을 검토해볼 때, 이제 막 근대 조입에 늘어선 우리 사회의 역사적 단계에 비해 담론이 지나치게 앞서가는 것이 아닌가 하는 우려를 금할 수 없다. 여전히 기세등등한 망국적이고 전근대적인 지역감정, 그리고 정치인·관료·언론인 사이에 팽배해 있는 불합리와 부정부패를 우리는 어떻게 받아들일 것인가?

이런 의미에서 이성과 합리성 등 우리 사회에 가장 필요한 내용들을 이미 낡은 것이라고 비판해온 포스트모더니즘 담론에는 명백히 시대착오적인 측면이 있다. 적어도 현 시점에서 우리에게 중요한 것은 근대성의 착실한 완성이지 탈근대로의 경박한 미끄러짐이 아니다. 불행한 일이지만(!), 루터의 메시지는 종교적으로나 세속적으로 우리 사회에서 여전히 타당하다. 역사에는 월반越班이 없기 때문이다.

29

'정신의 귀족' 자부한
세계시민 에라스뮈스

'휴머니스트의 왕'으로 불리는 에라스뮈스(1466~1536)는 네덜란드에서 태어났지만 평생 동안 유목민처럼 유럽 각국을 돌아다녔다. 동시대 학자들 중 가장 많은 여행을 했던 에라스뮈스는 네덜란드·잉글랜드·이탈리아·독일·스위스 등지를 떠돌았다. 가장 인상 깊었던 나라는 1499년에 방문한 잉글랜드였다. 그는 그곳에서 토머스 모어, 존 콜레트 등의 휴머니스트들을 만났다. 교양과 학식이 풍부한 잉글랜드인들과 사귀면서 에라스뮈스는 깊은 감명을 받는다.

그러나 잉글랜드에 대한 이 모든 사랑도 그를 잉글랜드인으로 만들지는 못했다. 세계시민 에라스뮈스는 자유롭고 보편적인 삶에 대한 갈구를 저버릴 수 없었다. 그에게 국가는 무의미했다. 그는 교육과 정신의 귀족으로 이루어진 상위 세계, 그리고 천박과 야만이라는 하위 세계, 이렇게 두 세계만을 알고 있었을 뿐이었다. 정신의 귀족으로 스스로를 고집스럽게 제한한 에라스뮈스는 진정한 세계시민으로서 이곳저곳에 방문자로, 단지 손님으로만 남았다. 그가 평생 동안 사용한 언어는 모국어인 네덜란드어가 아닌 라틴어였다.

1517년 루터의 종교개혁으로 유럽은 가톨릭과 프로테스탄트 진영으로 양분되어 서로를 '사탄'이라고 비난하며 첨예하게 대립했다. 어느 것에도 구속받지 않으려 했던 자유사상가 에라스뮈스는 이렇듯 이념 갈등이 극단적으로 증폭되던 시기에는 설 자리가 없었다. 중립이 불가능했던 시대에 그의 명분은 실패로 끝났다. 그러나 자유와 관용이 극단적 편 가르기보다 강한 추진력이 될 수 있다는 그의 믿음마저 실패한 것은 아니다.

유럽연합EU은 1987년 국경과 종교, 언어를 초월해 유럽 전역을 돌아다니며 학문을 연마했던 에라스뮈스의 이름을 딴 '에라스뮈스 프로그램'을 만들었다. EU 회원국 대학생들은 재학기간 중 1~2학기를 다른 유럽 국가의 대학에서 자유롭게 공부할 수 있다. EU 회원국이 아닌 나라까지 포함해 31개국 4,000개 대학이 이 프로그램에 참여하고 있다. 학생들에게는 장학금도 지급하고, 공부하러 갈 회원국의 언어교육 프로그램도 지원한다. 매년 수많은 학생들이 혜택을 누려온 이 프로그램은 EU의 실질적인 통합에 가장 크게 기여한 정책으로 평가받고 있다.

2012년에만 총 25만 2천여 명의 학생 및 교수 교류가 이루어졌다. 2014년부터는 '에라스뮈스 플러스 이동성 계획Erasmus+Mobility Scheme'

에라스뮈스

'휴머니스트 중의 휴머니스트' 에라스뮈스. 그는 휴머니즘을 유럽 전역에 걸친 평화 운동으로 승화시키고자 했다. 유럽연합EU은 1987년부터 대학생들이 일정 기간 역내 타 국가의 원하는 대학에서 공부하고 학점을 받는 '에라스뮈스 프로그램'이라는 학생 교류 프로그램을 실시해 젊은이들의 교류를 비약적으로 확대시켰다. 동아시아 3국의 젊은이들도 에라스뮈스의 휴머니즘과 평화주의를 배워야 한다.

이 추가된다. 새롭게 추진되는 이 '에라스뮈스 플러스 이동성 계획'에 따라 2014년부터 2020년 사이에 약 25만 명의 영국 학생들이 EU 역내 국가들에서 유학과 연수·취업 기회를 갖게 된다. 또한 영국을 포함, 400만 명 이상의 EU 역내 국가 국민들이 상호교류를 통해 학습과 연수, 취업과 자원봉사를 하게 된다.

언어와 문화적 배경이 다른 젊은이들이 모여 수개월 동안 함께 공부하고 생활하면서 자연스럽게 이해의 폭을 넓히는 프로그램이다. 이 프로그램에 '전 세계는 공동의 조국'이라고 선언했던 에라스뮈스의 이름이 붙여진 것은 지극히 자연스러운 일이다. 어느 개별국가의 국민이 아닌 '유럽인'으로서의 정체성을 갖게 되는 이 젊은이들은 '에라스뮈스 세대'라고 불린다. 통합 유럽의 주인공들이다.

2009년 10월 중국 베이징北京에서 열린 한·중·일 3국 정상회담에서 일본의 하토야마 유키오 총리는 한·중·일 현안 해소를 위한 대학생 교류를 제안했다. 이에 따라 한·중·일 3국은 '아시아판 에라스뮈스 프로그램'을 본격 추진하기로 했다. 동북아시아는 역사·정치적으로 민감한 부분이 많아 문화를 통한 교류와 젊은 학생을 중심으로 한 소통이 더욱 절실하다. 문화는 비교적 접근하기 쉽고 교류의 속도가 빠르며, 청년들의 소통은 동북아시아의 미래와 직결되기 때문이다.

2011년 10월 일본 도쿄대에서 열린 '제12회 베세토하 총장 포럼'에서 한국 서울대, 중국 베이징대, 일본 도쿄대, 베트남 하노이대의 총장들이 모여, '베이징北京·서울·도쿄東京·하노이'를 뜻하는 '베세토하' 도시의 대표 대학들이 공동 학위제를 본격적으로 추진하기로 했다. 공동 학위제는 각 대학의 학위 취득 요건을 모두 충족한 학생에게 공동 명의의 학위를 주는 것으로 졸업장에 각 대학 총장의 직인이 모두 찍히게 된다.

공동 학위제가 성사되면 동아시아판 '에라스뮈스 프로그램'이 탄생해 동아시아 지역에서 학생 교류가 활성화될 것으로 보인다. 무엇보다 세 나라 젊은이들의 상호교류를 통해 한국인, 중국인, 일본인이 아니라 '동북아인'이라는 정체성을 만들어낼 수 있을 것이다. 평화와 번영의 동북아 공동체를 이끌어갈 동북아 세대의 등장이 기대된다. 에라스뮈스 프로그램을 통해 유럽 젊은이들이 '유럽인'의 정체성을 키우고 있는 것처럼, 동아시아 젊은이들에게도 민족 패권주의적 선동에 흔들리지 않는 힘이 절실하다.

중·일 간의 센카쿠(중국명 댜오위다오) 열도 분쟁은 동북아의 긴장을 고조시키고 있다. 한·일 간에도 역사 왜곡 문제로 갈등이 심각하다. 향후 한·중·일 3국 사이의 갈등은 앞으로 점점 더 고조될 전망이다. 그리고 이런 갈등을 풀 유일한 해법은 이들 3국의 청소년들이 쥐고 있다. 갈등이 임계치 근처에 다다랐을 시점에 이들 청소년들이 기성 세대가 되어 3국을 주도하고 있을 것이기 때문이다. 이들 3국의 젊은이들이 전쟁이 아닌 평화를 바라는 열정을 내면화하는 게 파국을 막는 열쇠다. 편견 없는 자유사상가, 초국가적 세계주의의 최고 상징인 에라스뮈스의 정신이 동아시아의 평화·교류·통합에 기여하길 기대한다.

30

유럽 부흥의 계기 마련한
레판토 해전의 빛나는 승리

로마, 마드리드, 빈, 제노아, 베네치아 등 서유럽의 대도시들은 1571
년 10월 7일 그리스 레판토(그리스 코린토스 만에 있는 나프팍토스) 앞바
다에서 있었던 그리스도교도 함대와 이슬람교도 함대 사이의 레판토
해전에 대한 자랑스러운 기억을 갖고 있다. 역사상 가장 흥미로운 전
투 중 하나인 레판토 해전은 그리스도교 국가들에 새로운 활력을 가
져다주었다. 화가, 태피스트리 직조공, 보석세공인 등은 서로 앞 다투
어 이 전투를 주제로 그림을 그리거나 기념품을 제작했다.

1453년 오스만 튀르크에 의해 콘스탄티노플이 함락되자 그리스도
교 문명권은 최악의 굴욕을 당하게 되었다. 그 후 그리스도교 문명권

은 100년 넘게 실의에 빠져 있었다. 튀르크인은 16세기 초에는 벨그라드와 부다페스트를 거쳐 신성로마제국 수도인 빈 부근까지 세력을 뻗쳤다. 튀르크인은 전사로 길러졌으며, 일치단결했다. 그들은 이슬람의 대의를 받들었다. 그리스도교도들이 튀르크 공세의 파도를 막아내기 위해서는 이슬람교도들에 필적하는 단결과 헌신을 보여야 했다. 중세 십자군 원정 이후 꺼져버린 정신의 불꽃을 되살려내야만 했다.

튀르크군에 맞서 그리스도교 함대의 지휘를 맡은 것은 신성로마제국 황제 카를 5세의 서자이자 에스파냐 왕 펠리페 2세의 이복동생인 돈 후안 데 아우스트리아(1547~1578)였다. 당시 25세의 금발 청년이었던 그는 전쟁에 천부적 재능을 지닌 비범한 인물이었다. 에스파냐에서 자란 그는 어릴 적부터 신망이 두터워 후에 크게 될 인물이라는 평판을 얻었다. 북아프리카 해적선과 그라나다의 무어인에 맞서 싸운 경력 등 모든 면에서 그는 대함대를 지휘할 적임자였다. 그리스도교 함대와 이슬람교 함대 쌍방은 수적으로 서로 비슷했고, 그 용맹성에서도 그야말로 용호상박龍虎相搏이었다. 승리는 우월한 리더십을 지닌 편에 돌아갔다. 돈 후안의 리더십이 결정적인 역할을 했다.

이날 4시간가량 치러진 해전에서 에스파냐와 이탈리아 병사 8,000여 명이 전사했고, 부상자는 그 두 배에 달했다. 그러나 튀르크 함대의 전사자는 그보다 세 배나 되었다. 훗날 《돈키호테》를 쓰게 될 젊은 날의 세르반테스도 이 전투에 참전했다. 그는 열병에 걸렸으면서도 후방에 남기를 거부하고 전투에 뛰어들었으며, 가슴에 총상을 두 번 입었고, 세 번째 입은 총상으로 평생 왼팔을 쓰지 못했다.

레판토 해전의 자세한 소식은 천천히 전파되었다. 16세기에는 어떤 사태의 전모가 소상하게 파악되기까지 많은 시간이 소요되었다. 느리

레판토 해전
뒤엉킨 양측 함대 사이에서 물에 빠져 허우적대는 튀르크군을 그린 16세기 석판화. 이 전투의 영
향은 2차 세계대전에서 스탈린그라드 전투와 미드웨이 해전이 끼친 영향과 흡사했다.

기는 했지만 좋은 점도 있었다. 오늘날 우리가 뉴스로 접하는 어떤 사건보다도 더욱 강력한 충격파를 던져준 것이다. 사람들은 전투 중에 일어났던 모든 세세한 사건 하나하나마다에 엄청난 의미를 부여했고, 레판토 해전의 생존자들은 유럽 구석구석에서 무용담을 들려줌으로써 듣는 이들로 하여금 넋을 잃게 만들었다. 그 누적된 영향은 놀랍고 또 지속적이었다. 레판토 해전의 승리는 전쟁, 외교, 예술, 건축 등 다방면에 활력을 불어넣기 시작했고, 그것은 시일이 흐르면서 유럽에 화려한 바로크 시대를 꽃피웠다.

1571년의 레판토 해전은 튀르크의 기세와 열망을 억제하지도 못했고, 튀르크의 제해권을 완전히 분쇄하지도 못했다. 1573년 베네치아가 키프로스를 튀르크에 양도한 것이 그 예다. 하지만 이 전투는 유럽인의 사기에 큰 영향을 미쳤다. 레판토 해전은 튀르크 세력이 봉쇄될 수 있으며 초승달은 결코 무적이 아니라는 것을 입증했다. 그것이 미친 영향은, 예를 들면 2차 세계대전에서 스탈린그라드 전투와 미드웨이 해전이 끼친 영향과 흡사한 것이었다.

레판토 해전은 십자가와 초승달 사이에 벌어진 잔인하고 지루한 투쟁 과정에서 하나의 큰 전환점이 된 전투였다. 서유럽인은 튀르크 세력을 막아낼 수 있다는 자신감을 얻었다. 오랫동안 튀르크 세력이 압도적 우위를 보이던 상황에서 유럽에 찾아온 반가운 소식이었다. 그것은 길고도 지속적인 부흥의 시작이었다. 튀르크는 이 해전에서 패배한 후 내리막길을 걸었고, 그리스도교 문명권은 상승세를 타기 시작했다.

그 영향은 놀라운 것이었고 또 지속적이었다. 레판토 해전의 승리는 서유럽인에게 무슬림보다 우월하다는 자부심을 심어주었고 예술,

건축 등에도 활력을 불어넣었다. 그 후 세르반테스는 나이를 먹고 성숙해지고 노련해지면서, 마침내 그리스도교적 기사도의 기념비적 작품이라 할《돈키호테》를 저술하게 되었다.

세르반테스, 에스파냐의
번영과 몰락을 문학에 담다

세르반테스(1547~1616)는 에스파냐가 신대륙 진출과 더불어 가난하고 촌스러운 나라에서 벗어나 세계열강의 반열에 오른 16세기 중반에 태어나 1588년 에스파냐 무적함대가 영국에 격파당한 뒤 서서히 몰락의 길에 들어선 17세기 초에 죽었다. 아버지 시대의 에스파냐 비상飛上과 아들 시대의 추락을 모두 경험한 작가였기에 소설《돈키호테》(1605)에는 그 시대의 '정신분열적 이중성'이 고스란히 담겨 있다.

에스파냐는 카를 5세(재위 1519~1556) 치세에 아메리카에서 거대한 제국을 건설해 막대한 부를 얻어 번영을 누렸다. 그것은 갑작스럽고도 놀라운 변화였다. 에스파냐 사람들은 신이 자신들을 돕고 있다고

세르반테스
스페인이 낳은 가장 위대한 소설가 · 극작가 · 시인인 미겔 데 세르반테스는 에스파냐 제국의 비상과 추락을 모두 경험한 '시대의 아들'이었다. 그의 소설 《돈키호테*Don Quixote*》는 60여 개 언어로 번역되었다. 뿐만 아니라 돈키호테와 산초 판사라는 두 인물은 세계 문학의 다른 어떤 허구적 등장인물 이상으로 일반에게 친숙한 모습이 되었다.

느꼈고, 오직 자신들만이 신의 은총을 받고 있다고 생각했다. 에스파냐의 황금시대였다. 그러나 에스파냐의 영광은 덧없는 것이었다. 그 융성만큼이나 신속하게 에스파냐는 쇠락을 맞았다.

카를의 뒤를 이은 펠리페 2세(재위 1556~1598)는 시기심 많고 용렬한 인물이었다. 그의 치세에 시작된 에스파냐의 쇠퇴는 처음에는 분명히 나타나지 않았다. 1571년 레판토 해전에서 에스파냐 해군을 주축으로 한 그리스도교 함대가 튀르크에 대승을 거뒀을 때는 마치 카를 5세 시대의 번영이 다시 찾아온 것처럼 보였다. 그러나 그것은 꺼져가는 불이 마지막 불꽃을 크게 피운 것에 불과했다. 레판토 해전의 영광스러운 승리는 곧이어 1588년 잉글랜드에 의한 무적함대의 패배로 이어졌다.

세르반테스는 에스파냐 황금시대의 영웅으로서, 저 위대한 승리의 전쟁 레판토 해전에 출전한 인물이었다. 그는 이 전쟁에서 총탄에 맞아 왼쪽 팔을 잃었다. 귀국하던 중 알제리의 해적들에게 나포되어 5년 넘도록 갤리선에서 노를 젓는 노예 신세가 되기도 했다. 하지만 이 시기에도 동료 포로들의 탈출을 돕는 등 용맹을 잃지 않았다. 1580년 포로 상태에서 풀려나 펠리페 2세의 에스파냐로 돌아왔다. 그러나 세월은 흘렀고, 에스파냐는 변했다. 카를 5세의 영웅적이고 기사도적인 시대는 사라지고 권태와 환멸만이 가득했다.

소설의 공동 주인공인 돈키호테와 산초 판사는 세르반테스가 살았던 영웅적 '가상세계'와 환멸의 '현실세계'를 각각 대표하는 인물이다. 우리는 작가인 세르반테스 자신이 정신분열적이라는 사실을 잘 알고 있다. 그는 양쪽 입장, 즉 돈키호테의 입장과 산초 판사의 입장을 동시에 취한다. 그의 이중성은 그가 살았던 16세기 말과 17세기 초

에스파냐의 이중성이 반영된 것이다. 이런 의미에서 세르반테스는 완벽한 '시대의 아들'이요, 자기 시대의 기록자였다.

　세르반테스 시대의 에스파냐는 매우 상반된 두 가지 분위기에 휩싸여 있었다. 그 시대의 에스파냐인은 두 개의 연속된 세대를 살았으면서도, 앞 세대와 뒤 세대의 분위기가 완전히 달랐다. 아버지 세대는 놀라울 정도의 확신과 영웅적 긴장감과 열광적인 로망스의 분위기를 산출한 공통의 경험을 갖고 있었다. 반면 아들 세대는 아버지 세대와는 전혀 다른 경험을 겪었고 따라서 상이한 분위기에 젖어 있었다. 그들이 겪은 체험이라고는 패배와 실망과 환멸뿐이었다. 냉소적 리얼리즘, 그리고 피동성과 공허함에 빠져들었다. 세르반테스의 삶은 정확히 두 세대에 걸쳐 있었다. 자신의 자화상이라고 할 수도 있는 《돈키호테》에서, 그는 두 세대의 상반된 분위기를 살아있는 필치로 그려냈다. 그가 소설에서 묘사한 분위기는 자신의 삶 속에서 목격한 것이었고, 자신의 내면 가운데서 직접 체험한 것이었다.

　세르반테스의 문학은 위대하다. 하지만 겨우 한 세기 동안 전성기를 누리다 사치, 낭비와 무능한 리더십으로 몰락한 에스파냐 제국은 우리에게 반면교사로 다가온다. 역사는 언제나 발전하는 것이 아니다. 구성원의 수준과 선택에 따라 한 나라의 운명은 언제든 비상할 수도, 추락할 수도 있는 것이다.

32

분열의 시대에
더욱 빛난 지성 몽테뉴

서양사에서 1540~1660년은 종교개혁 여파로 벌어진 신·구교 간 종
교전쟁 때문에 '철鐵의 세기'라 불린다. 프랑스 사회는 종교개혁의 여
파로 나라가 둘로 쪼개지는 극심한 혼란에 빠졌다. 칼뱅의 영향으로
전국 각지에 신교도가 늘어나 1562년 칼뱅파 신교도(위그노)의 수가
전체 인구의 4분의 1에 육박했다. 역사상의 이념 대립이 대개 그렇듯
이 귀족들은 신·구교 간의 종교적 충돌을 권력 쟁취를 위한 정치투쟁
으로 변질시켰다. 30년 넘도록 프랑스 종교전쟁(또는 위그노 전쟁,
1562~1598)이 처절하게 지속됐지만 역사가들은 과연 이 전쟁이 '종
교전쟁'인지 의구심을 품고 있다. 종교를 구실로 온갖 만행이 저질러

졌다. 살육의 광란 가운데 상인들은 자신의 경쟁자를, 재산을 노린 아랫사람은 윗사람을, 변심한 남녀는 상대방을 죽였다.

수많은 충돌 중 가장 참혹했던 것은 '성 바르톨로메오 축일의 학살'(1572)이었다. 왕실 실권자였던 카트린 드 메디시스는 신·구교 화합의 상징으로 신교도의 우두머리인 나바라의 앙리(앙리 4세)와 마르그리트 공주의 결혼식을 거행했다. 하지만 수많은 신교도가 결혼식 하객으로 파리를 방문하자, 메디시스는 성문을 닫아건 채 교회 종소리를 신호로 신교도에 대한 대대적인 학살을 자행케 했다. 이 사건으로 파리에서만 하룻밤 사이에 약 3,000명의 신교도가 죽었다. 이자벨 아자니 주연의 영화 〈여왕 마고〉(1994)는 이 사건을 배경으로 하고 있다.

신·구교 간 종교전쟁으로 인해 중세 천년간 지속되었던 유럽의 종교적 통일성은 철저히 파괴되었다. 유럽인들은 한때 당연한 것으로 간주했던 모든 것이 갑자기 의혹 속에 던져지는 새로운 경험을 하게 되었다. 유럽인은 더 이상 과거와 같이 종교 신앙을 보편적 결론을 도출하는 토대로 간주할 수 없었다. 그리스도교인 사이에도 신앙의 근본 진리에 관해 의견이 일치하지 않았기 때문이다. 이 시기에 유럽이 겪었던 위기는 근본적으로 '권위의 위기'였다.

위기의 시대에 권위의 기초를 재정립하려는 시도가 있었다. 미셸 몽테뉴였다. 1533년 2월 28일 태어난 몽테뉴는 프랑스 종교전쟁의 절정기에 저술 활동을 했다. 그의 《수상록》은 두 가지 주제를 다뤘다. 하나는 회의주의다. 몽테뉴는 '나는 무엇을 아는가Que Sais Je(크세주)'를 좌우명으로 삼고 자신이 확실히 아는 것은 거의 없다고 단정했다(프랑스의 대표적인 문고본 시리즈인 '크세주 문고'의 표제어는 몽테뉴에게서 따온 것이다). 그는 인간의 능력이란 극도로 제한적이기 때문에 우

몽테뉴

몽테뉴(1533~92)는 종교 분열로 인한 극한 대립으로 프랑스가 골육상잔의 비극에 휘말렸던 시기
에 활동했다. '권위의 위기'와 더불어 보편적 진리의 토대가 무너진 시기에 그가 한 일은 '처음부
터 다시 시작하기'였다.

리 자신의 능력으로 진리와 오류를 측정하려고 하는 것은 어리석은 일이라고 말한다. 에세이 〈식인종에 관하여〉에서 주장한 대로, 한 나라에서 의심의 여지없이 진실하고 완전해 보이는 것이 다른 나라에서는 온전히 그릇된 것으로 여겨질 수 있기 때문이다.

여기에서 몽테뉴의 두 번째 주요 원리, 즉 관용의 필요성이 뒤따른다. 모든 사람은 자신들이 완벽한 종교와 완벽한 정부가 무엇인지 잘 알고 있다고 생각하지만, 그 완벽성이 무엇인지에 대해서는 거의 의견이 일치하지 않는다. 몽테뉴는 이 같은 생각을 토대로 어떤 종교나 정부도 완전하지 않으며, 따라서 죽을 때까지 싸워야 할 가치가 있는 믿음이란 없다고 결론지었다.

몽테뉴 외에도 장 보댕, 토머스 홉스, 블레즈 파스칼 등 유럽 지성사의 빛나는 별들이 이 철의 세기에 등장해 권위의 기초를 재정립하고자 했다. 극한적 시대 상황이 위대한 사상 탄생의 모태였던 셈이다. 정치적·이념적으로 끝없이 대립하고 갈등하는 우리의 시대 상황도 빛나는 지성의 묘판苗板이 될 수 있으면 좋겠다. 우리에게도 고난을 사상으로 승화시키는 지혜가 있을까.

33

바로크적 지성, 파스칼

바로크 시대는 16세기에 시작해 18세기까지 계속되었지만 절정기는 1650년경이다. 종교개혁은 바로크의 원천이자 시발점이다. 바로크는 르네상스처럼 인간을 이상화하지 않는다. 대신 인간을 있는 그대로, 원죄로 인해 망가져 있을 수밖에 없는 일그러진('바로크'한) 존재로 그린다. '바로크'는 포르투갈어의 바로코barroco(비뚤어진 모양의 진주)에서 왔다. '거칠고 조야하다'는 뜻이다. 바로크는 갈등과 모순, 괴리를 봉합하지 않은 채 대립의 양태를 그대로 유지한다. 인간을 이상화한 르네상스와 대조적으로, 바로크의 인간관을 요약하는 명제는 '나는 불완전하다. 고로 존재한다'이다.

바로크 양식의 특징은 사상과 감정의 영역 안에서 작용하는 두 개의 자극磁極으로 표현할 수 있다. 르네상스 양식의 경쾌한 세속성과는 대조적으로, 바로크 양식은 대립과 극단 속에서 회의하고 고뇌하는 모습이다. 무엇이 이런 변화를 초래했는가? 하나의 중요한 사실과 맞닥뜨리게 된다. 바로 유럽인들이 새로운 시대에 접어들면서 겪었던 낯선 경험들이다. 그것은 그들로 하여금 새로운 느낌과 생각을 갖게 했다.

바로크 양식을 등장시킨 시대의 폭발력은 부분적으로는 '우주적'이었고 부분적으로는 '사회적'인 것이었다. 우주적인 면에서의 폭발력이란 코페르니쿠스의 발견을 통해 획득된 경험을 말한다. 그의 발견은, 지구가 우주의 중심이 아니라 단지 우주 속의 한 점 티끌일 뿐이며, 광대한 우주의 주변부에 불과하다는 사실을 말해주었다. 천동설에 입각한 지구 중심적인 우주관의 한가운데에서 누리던 편안함과 안락함은 사라지고, 대신 광대무변한 우주 속에서 길 잃은 보잘것없는 고독한 인간이라는 개념이 사람들의 인식 속에 자리 잡았다. 이러한 발견과 더불어, 바로 그 새로운 과학을 통해 새롭게 얻어진 막강한 힘에 대한 의식이 고개를 쳐들었다. 그것은 원거리에 있는 사물을 볼 수 있는 힘(망원경의 발명)이었고, 천체의 조화를 법칙에 따라 움직이는 질서로 해석할 수 있는 놀라운 힘이었다. 인간은 그 법칙을 인식할 수 있었고, 자연에 대한 지배력을 확장하기 위해 그 법칙을 이용할 수도 있었다.

그 폭발은 또한 '사회적'인 것이었다. 과거에는 꿈도 꾸지 못하던 무한의 경지에 도달할 수 있는 놀라운 힘의 경험에 더하여, 정치 세계에서 또 다른 힘이 추가되었다. 16세기 종교전쟁의 혼돈 속에서 출현한 국민적 군주국가는 붕괴된 봉건 질서를 대신해서 그 위상을 확립했다. 중앙집권적 관료제와 상비군으로 대변되는 국민적 군주국가는 하나의 새로운 질서였다. 엄청난 인구를 조직화하여 장악하고, 에스파냐 제국, 프랑스 제국, 대영 제국 등의 형태로 세계를 석권하면서, 이 새로운 국가체계는 전대미문의 막강한 권력을 구현하게 되었다.

성벽 안에서 조직화된 공동체는 무너졌고, 그와 더불어 성벽 안에서 견지되던 봉건 귀족들의 독립성도 무너졌다. 지역적 자부심과 지역적 권력을 든든히 지켜주던 보루가 힘없이 무너지자, 새롭게 출현한 막강한 권력 앞에서 철저한 무력감이 엄습했다. 사람들은 고독과 소외와 절망이라는 새로운 느낌에 사로잡히게 되었다. 막강한 힘과 철저함 무력감을 동시에 경험한 셈이다. 바로크 양식은 그러한 심각한 양극성을 바탕으로 등장했다. 권력의 경험과 무기력의 경험, 이 두 경험이 바로크 시대 사람들이 그들 주변을 둘러싼 세계에 대해 보이는 새로운 반응의 핵심에 놓여 있었다.

블레즈 파스칼(1623~1662)은 수학사와 물리학사에 한 획을 그을 만큼 놀라운 업적을 남겼고 심지어 컴퓨터의 먼 조상에 해당하는 자동 계산기까지 만들었다. 요즘 식으로 말하면 노벨상을 타고도 남을 '잘 나가는' 과학자의 전형이다. 이 파스칼이 사도 바울, 성 아우구스티누스, 장 칼뱅으로 이어지는 종교적 전통으로 '급전환'한 것은 실로 바로크적이다. 과학과 신학 두 분야에서 모두 최고의 경지를 달린 파스칼에게, 둘 사이의 대립과 대조는 팽팽한 긴장상태다.

파스칼의 인간학에서 비참함과 위대함은 서로 맞물려 돌아가는 두 개의 축이다. 그래서 인간은 비참하면 비참할수록 더 위대하고, 반대로 위대하면 위대할수록 더 비참하다는 역설이 가능해진다. 대립과

파스칼과 그의 데스마스크

천재적인 수학자이자 물리학자였던 파스칼은 얀센주의를 통해 신앙에 귀의했다. 얀센주의는 인간의 자유의지를 거부하고 예정설을 채택했으며, 구원의 열쇠는 인간의 선행이 아니라 신의 은총이라고 가르쳤다. 얀센주의는 가톨릭 신학에 아우구스티누스의 신학을 접목시킨 것이지만, 칼뱅주의 신학을 연상시키기에 충분했다. 파스칼은 1646년 가족들까지 설득하여 얀센주의적 신앙생활로 돌아서게 만들었다.

극단의 바로크적 양극성이다. 어떤 왕이 왕위에서 쫓겨나 평민으로 강등되었다면 그는 이 평민의 신분을 그지없는 비참으로 느낄 것이다. 그가 스스로를 비참하다고 느끼는 것은 그의 본래의 신분이 위대하기 때문이다. 즉 그가 비참한 것은 본래 위대하기 때문이고, 그는 위대하기 때문에 비참하다. 인간의 비참은 왕위에서 쫓겨난 폐왕의 비참이라 할 수 있다. 그는 《팡세》에서 이렇게 말한다.

그는 위대하고 싶으나 막상 보면 왜소하고, 행복해지고 싶으나 막상 보면 불행하며, 완전하고 싶으나 막상 보면 불완전함으로 꽉 차있다. 자신의 실상이 이렇듯 당혹스럽기에 인간은 자신이 상상할 수 있는 가장 부당하고 범죄적인 열정을 품게 된다. 왜냐하면 그는 자신의 약점을 확인시켜주는 이 진실에 대해 지독한 혐오감을 갖기 때문이다. 그는 그 진실을 제거할 수 없기에 할 수 있는 한 다른 사람들의 인식 속에서 그것을 파괴하려 든다. 그는 온갖 정성을 기울여 자신의 약점을 타인과 자신으로부터 위장한다.

자기애의 뒤틀린 방어기제다. 끝없는 위장과 자기기만과 진실 억압의 과정이 이어진다. 인간은 원초적 불행을 느끼기에 그 어떤 것으로도 위로를 얻지 못하지만, 신경을 분산시킬 오락과 놀이, 노름과 여인들과의 대화, 전쟁이나 거창한 기획 따위를 추구한다. 마음속 깊이 느끼는 불안과 비참함을 억누르려 동원하는 오락거리들이 없을 때는 한 나라의 왕도 가장 불행한 인간에 불과하다. 오락이 없다면 우리는 권태에 빠지고, 권태는 거기에서 벗어날 더욱 강렬한 방법을 찾도록 부추긴다. 하지만 오락은 우리가 모르는 사이에 우리를 죽음에 이르도록 한다. '오락'과 '권태'는 바로크적 이중성의 전형적인 모습이다.

파스칼이 보기에 인간의 딜레마는 '삶의 순간성'과 '죽음의 영속성'이다. 이 또한 대립과 극단의 바로크적 이중성을 보여준다. 파스칼은 순간적 삶을 사는 우리의 품성이나 행동이 죽음의 영원성이라는 목표 지점에 맞춰지는 것이 합리적 태도라고 말한다. 죽음의 불안을 잠재울 순간의 오락과 쾌락을 추구하는가, 아니면 죽음을 통해 들어갈 영원한 행복을 준비하는가? 그 대답을 파스칼은 이성이 아닌 믿음과 계시에서 구한다.

파스칼은 바로크적 정신을 가장 잘 대표하는 인물이다. 인간의 근본 조건은 우리 시대나 바로크 시대나 다를 바 없다. 하지만 파스칼과 우리의 해법은 크게 다르다. 어느 쪽이 잘못된 것일까?

미혼 여성이라는 약점을 장점으로 활용한 엘리자베스 1세

엘리자베스 여왕(1558~1603) 치세의 잉글랜드는 내외로 만만치 않은 도전에 직면해 있었다. 안에서는 백성들이 다양한 종교적 견해 때문에 혼란을 겪고 있었으며, 국고는 고갈되었다. 밖에서는 교황, 신성로마제국, 에스파냐, 프랑스, 포르투갈 등이 망라된 국제 가톨릭동맹이 위협하고 있었다. 스물다섯의 나이로 엘리자베스가 즉위했을 때 많은 이들이 잉글랜드의 장래를 우려한 것도 무리가 아니었다.

그러나 엘리자베스는 자신이 여성이라는 약점을 오히려 장점으로 탈바꿈시켜 잉글랜드의 위상을 끌어올렸다. 여왕은 남성이었다면 비난받았을 만한 행동을 한다 해도 자신이 여성이기 때문에 신하들은

엘리자베스 여왕

젊은 시절의 엘리자베스는 수수한 옷차림을 즐겼으나, 나이가 들면서 거리낌 없이 화려한 멋을 추구했다. 옷 자체를 좋아했을 뿐만 아니라 외적인 면모를 통해 군주의 강력한 이미지를 보여주고자 했다. 여왕의 의상은 점점 과장되고 환상적으로 변해갔다. 여왕 치세 초기에 웃옷의 칼라는 턱 선을 감싸는 평범한 모양이었지만, 1564년에 네덜란드에서 발명된 녹말풀이 영국에 도입되면서 패션의 혁명이 시작되었다. 그 후 칼라의 지름이 계속 커져 마치 접시 위에 세례 요한의 머리가 놓인 것과 같은 모습을 취하게 되었다. 1580년대에는 칼라가 너무 커져서 아무리 풀을 먹여도 자체 무게 때문에 세우기가 어려울 정도였고, 철사 지지대를 사용해야만 했다. 민간에도 유행이 번졌다. 풀을 생산하는 산업이 워낙 번창하는 바람에 흉년에는 추밀원이 나서서 곡식을 쓸데없는 용도에 낭비하지 않도록 막으려 했으나 소용이 없었다.

그 점을 참작해준다는 것을 알았다. 여왕에게 결단을 강력하게 요청할 경우 여왕이 오랫동안 망설이더라도 신하들은 "여자가 우유부단한 것은 당연하지" 하고 넘어가기 일쑤였다. 엘리자베스는 그런 허점을 역이용하여 달갑지 않은 결정을 회피했고, 자신의 의지에 반하는 행동을 최대한 미룰 수 있었다.

결혼 문제에 대한 엘리자베스의 처신은 절묘하기 짝이 없었다. 엘리자베스는 유럽 왕족들 사이에서 '막대한 지참금과 명예까지 지닌 헬레네 같은 여인'으로 평가되고 있었다. 그녀는 결혼 적령기를 최대한 활용하여 자신의 가치를 한껏 드높인 상태에서 대외관계를 요리했다. 쟁쟁한 청혼자들이 즐비했지만 가장 흥미로운 상대는 프랑스 국왕의 동생 알랑송 공작이었다. 혼담이 시작된 1572년 당시 여왕의 나이는 서른아홉, 알랑송은 열여섯이었다. 나이 차이는 무려 스물세 살이었다.

에스파냐의 공격을 견제하기 위해 프랑스를 잡아두려는 의도에서 시작된 이 결혼 협상은 처음부터 이렇다 할 결론 없이 지지부진하게 계속되었다. 중신들은 알랑송을 받아들일 생각이 없다면 혼사가 끝났음을 분명히 밝히라고 요청했으나 엘리자베스는 알랑송을 완전히 버릴 수 없었다. 여왕은 가능한 한 오랜 시간 혼담을 유지하는 것이 최선이라고 판단했다. 주변에서는 그가 나중에 속았다는 것을 알면 보복하려 들 것이라고 충고했지만 여왕은 그 관계를 끌고 갈 수 있는 데까지 끌고 간 뒤 그 결과에 대해서는 그때 가서 대처하는 방식을 택했다.

결국 구혼의 속도는 늦춰졌으나 완전히 중단되지는 않았다. 그동안 여왕은 알랑송에게 자신이 아직 열렬히 사랑하고 있음을 믿게 하려고 애썼다. 여왕은 알랑송이 선물한 허리띠를 착용했으며, 그가 선물한 장갑에는 보란 듯이 하루에도 백 번씩이나 입을 맞추었다. 뿐만 아니라 궁정 무도회에 프랑스 대사를 초청하여 알랑송이 보낸 편지들을 낭독하게 하면서 사랑에 빠진 여인처럼 행동했다. 엘리자베스는 그런 식의 연기를 몹시 즐겼다.

1580년 여름에 여왕은 다시 구혼에 생기를 불어넣고자 했다. 에스파냐 왕의 포르투갈 병합으로 권력과 재산이 나날이 늘어나고 있는 불길한 상황에서 프랑스의 관심을 놓치고 싶지 않았기 때문이다. 1580년 초에 포르투갈 왕이 직계 후사를 남기지 못하고 죽자, 에스파냐의 펠리페 2세는 자신이 적법한 후계자라고 강력히 주장하면서 군대를 파견하여 8월에 리스본을 점령했다. 잉글랜드는 펠리페의 세력 팽창으로 유럽의 정치지형이 급격히 변화되는 과정을 속절없이 지켜볼 수밖에 없었다. 사방에서 에스파냐 군대가 조여 오는 것에 깜짝 놀란 엘리자베스는 1580년 8월에 프랑스 측에 전갈을 보내 가급적 빨리 결혼 중개인들을 잉글랜드에 보내달라고 요청했다.

1581년 봄에 프랑스 결혼 중개인들을 맞을 채비가 완전히 갖춰졌다. 4월 25일에는 화려한 연회가 열렸다. 그러나 얼마 후 여왕과 결혼을 논의하기 위해 만난 중개인들은 충격을 받아야 했다. 놀랍게도 엘리자베스가 활기찬 어조로, 자신은 아직 알랑송과의 나이 차이가 마음에 걸릴 뿐 아니라 그와 결혼하면 최근에 부쩍 늘어난 잉글랜드 가톨릭교도들을 자극하게 될까봐 걱정스럽다고 말한 것이다. 그녀는 결혼과 무관하게 프랑스와 느슨한 동맹을 맺는 게 어떠냐고 제안했다. 궁지에 몰린 중개인들은 그런 문제는 예견하지 못했다면서 결혼협정 이외에 다른 조약을 체결할 권한이 자신들에게 없다고 더듬거리며 말했다. 중개인들은 여왕의 태도가 바뀌기를 기다리며 몇 주일 잉글랜드에 머물렀으나 아무런 성과 없이 결국 6월에 귀국하고 말았다.

이렇듯 프랑스 측과 합의점을 찾지 못하는 중에도 여왕은 두 나라 사이에 모종의 연결 상태가 계속된다는 사실을 중요하게 여겼다. 여왕은 알랑송과 단둘이 있을 때는 여느 여성이 남성에게 하듯이 그가 원하는 대로 결혼을 약속했지만, 공개적으로는 아무런 언질도 주지 않았다. 그러다가 마침내 11월 22일 여왕은 프랑스 대사에게 알랑송을 남편으로 맞이하겠다고 선언했다. 말을 마친 뒤 여왕은 알랑송의 입술에 키스하고 그에게 반지를 준 다음 궁정의 모든 신사숙녀들을 불러 자신이 한 말을 반복했다. 이 선언은 큰 파장을 불러일으켰다. 여왕이 가톨릭 신자와 결혼하는 것을 반대하는 궁정의 부인들은 여왕이 물러간 뒤 밤새 슬퍼하고 통곡했다. 여왕이 잠을 전혀 이룰 수 없을 정도였다.

결과적으로 그것은 여왕에게 큰 이득이었다. 이제 여왕은 프랑스 측에 자신과 알랑송의 결혼에 대해 잉글랜드 신민들이 얼마나 반대하는지 말할 수 있게 되었고, 따라서 결혼 전에 프랑스로부터 엄격한 보장을 받아야 한다고 요구할 구실을 얻었다. 여왕은 장차 잉글랜드가 에스파냐의 침략을 당할 경우 프랑스가 잉글랜드를 돕겠다고 약속해야 한다고 조건을 걸었다.

엘리자베스의 결혼 결심을 처음 접했을 때 프랑스 측은 깜짝 놀라며 반색을 했으나 그녀의 까다로운 조건을 듣고는 실망을 금치 못했다. 알랑송은 이렇게 중얼거렸다. "여인의 경박함이여, 섬사람의 변덕이여." 여왕은 프랑스가 자신의 조건을 받아들일 수 없다는 것을 알고 있었다. 그녀는 다만 일을 망친 것이 프랑스이고 자신과 알랑송이 결혼하지 않을 경우 그 책임이 프랑스 측에 있다고 몰아가고 싶었던 것이다. 그녀는 알랑송을 최대한 부드럽게 차버린 것에 만족했다.

여왕은 자신의 목적이 달성되자 알랑송과 작별하는 장면에서도 마음 편히 연기에 전념하여 슬픈 기색을 보일 수 있었다. 알랑송이 샌드위치의 정박지로 출발할 때 그녀는 캔터베리까지 배웅했고, 짐짓 다정한 태도로 그에게 작별을 고했다. 그녀는 측근 중신들에게도 울면서 알랑송을 다시 만날 희망이 없다면 한 시간도 살 수 없다고 말했다. 이런 식이었으니 구혼에 실패한 알랑송도 여왕에게 악의를 품을 수 없었다.

여왕은 오랜 동안 유럽의 많은 구혼자들과 밀고 당기는 과정에서 그들에게 결혼이 가능할 것 같은 인상을 보여주면서, 특유의 유연한 대외정책을 구사했다. 여왕은 구혼자들이 결혼 협상에서 온갖 약속을 제시하도록 만드는 데 뛰어난 능력을 보였으며, 적절한 시기에 보기 좋게 구혼자들을 퇴짜 놓는 데도 명수였다.

잉글랜드는 결국 1588년에 에스파냐 무적함대를 격파하여 펠리페에게 쓴맛을 보여줬다. 유럽 변방의 작은 섬나라에 지나지 않았던 잉글랜드가 유럽 열강의 지위로 발돋움한 데는 엘리자베스의 노련한 결혼 협상도 큰 몫을 했던 것으로 평가된다.

35

영국 여왕의 '007 스파이'

존 디John Dee(1527~1608)라는 이름을 기억하는 사람은 그리 많지 않을 것이다. 20세기 중반에 영국 소설가 이언 플레밍이 창조한 스파이 영웅 제임스 본드가 다름 아닌 존 디를 모델로 삼은 캐릭터라는 사실을 아는 사람은 더욱 드물 것이다. 플레밍이 쓴 14권의 007 소설에서 제임스 본드가 '여왕의 스파이'였듯이 존 디 역시 엘리자베스 1세 여왕의 스파이였다.

엘리자베스 시대 영국은 에스파냐 무적함대 격퇴와 셰익스피어로 대표되는 문화적 르네상스 등으로 말미암아 흔히 '번영의 시대'로 묘사되곤 한다. 그러나 사실 이 시기 영국은 아직 유럽 대륙의 변방에 위치한 작은 나라에 불과했을 뿐 아니라 안팎으로 큰 어려움에 처한 상태였다. 종교개혁을 시작한 헨리 8세에 이어 왕위에 오른 에드워드 6세와 메리 여왕의 짧은 치세는 극심한 정치적·종교적 혼란을 낳았다.

영국을 가톨릭 국가로 되돌리려는 과정에서 신교도들을 무자비하게 박해해 '피의 메리'라는 별명을 얻은 메리 여왕 사후에 즉위한 엘리자베스는, 영국의 종교적 정체성을 확립하고 정치적 독립을 유지해야 하는 무거운 과업을 짊어지고 있었다. 더욱이 여성은 남성보다 열등하므로 남성에게 복종하는 것이 당연하다고 생각하던 시대에 등장한 여성 군주, 그것도 역사상 전례가 없는 '미혼' 여성 군주라는 점에서 영국의 입시는 더욱 위태로웠다. 이런 상황에서 유럽 대륙의 정세를 탐색하고 민감한 외교 문제를 처리하는 스파이의 역할은 매우 중요했다. 외국어에 능통하고 학자로서 유럽에 널리 알려져 있던 존 디는 여왕의 가장 비밀스러운 업무를 맡아 해결하는 스파이로 활동하게 되었다.

연금술사·점성술사·수학자·지리학자인 존 디는 젊은 날 프랑스에서 유클리드 기하학을 소개하면서 범유럽적인 명성을 얻었다. 신성로마제국의 카를 5세와 프랑스의 앙리 2세가 존 디를 자국의 궁정 수학자로 임명하겠다고 앞다퉈 제의할 정도였다. 하지만 존 디는 모두 거절하고 엘리자베스의 총애와 후원을 받으며 국정의 민감한 사안에 조언자로서 활동하는가 하면 유럽 대륙에 건너가 스파이로서 여왕의 외교 책략에 도움을 줬다. 특히 1583년부터 6년 동안 동유럽을 여행하면서 여러 궁정을 방문했는데, 폴란드 궁정에서는 스파이로 몰려 추방당하기도 했다. 비학에 심취해 있던 엘리자베스는 연금술사이자 점성학자로도 명망이 높던 존 디에게 별자리를 읽어 최상의 즉위일을

존 디

1555년 영국 추밀원은 존 디를 체포하라는 명령을 내렸다. 존 디의 집은 곧바로 봉쇄되고 그가 소장한 책과 문서들은 증거물로 압수되었다. 감옥에 갇힌 존 디는 혹독한 취조를 받았다. 그에게 씌워진 혐의는 불온한 종교적 성향과 수학에 몰입해 있다는 등 여러 가지였지만, 가장 치명적인 것은 마술을 부린다는 의혹이었다. 당대의 뛰어난 점성술사로 알려진 그였기에 밀랍인형을 이용해 메리 여왕을 죽이려는 주술을 행했다는 고발은 사형선고나 다름없었다. 반역죄로 처형당하는 것은 시간 문제인 것처럼 보였다. 하지만 석 달 동안의 투옥 끝에 그는 증거불충분으로 풀려났다. 몇 년 후 메리 여왕이 갑자기 사망하면서 존 디의 인생은 새로운 국면을 맞는다. 엘리자베스의 총애를 받으며 다양한 국가 업무에 깊숙이 개입하게 된 것이다.

잡아줄 것을 요청하기도 했다. 존 디의 기획에 따라 여왕의 즉위식은 1559년 1월 15일에 성대하게 거행되었다.

존 디는 '영제국British Empire'이라는 용어를 최초로 만들어낸 사람이기도 했다. 당시 영국은 스코틀랜드조차도 공식적으로 병합하기 이전이고, 해외에 아무런 식민지도 갖지 못한 상태였다. 그런 상황에서 열렬한 해외 팽창론자였던 존 디는 영국이 '대양의 군주'가 되어야 한다고 역설하며 자신의 책과 여왕에게 올린 청원서에 '영제국'이라는 말을 썼다.

16세기 후반부터 본격적으로 시작된 영국의 해외 팽창 정책에는 존 디의 적극적인 노력이 숨어 있었다. 그는 1553년에 출발한 세바스찬 캐보트Sebastian Cabot의 북동항로 탐험에 조언자로 활동했는가 하면, 1559년에 설립된 머스코비 회사Muscovy Company에도 투자자이자 고문으로 활동했다. 머스코비 회사는 중국으로 가는 최단항로를 찾고자 수차례 탐험대를 파견하는 등 부단한 노력을 기울였는데, 존 디는 이 사업에 깊숙이 개입했으며 직접 항해사들을 교육시키기도 했다. 그는 1576년부터 마틴 프로비셔Martin Frobisher의 서북항로 탐험에 공식적인 지리학자로 협력하기도 했다. 1577년부터 시작된 아메리카 대륙의 식민 계획에서도 존 디는 가장 적극적인 주창자 가운데 하나였다. 그는 아메리카라는 말보다 아틀란티스Atlantis라는 말을 써야 한다고 주장하기도 했다.

암호명인 007은 엘리자베스 1세 여왕과 존 디 사이의 사적인 외교 문서에 사용된 독특한 표식이었다. 디는 여왕에게 보내는 편지 말미에 '두 눈'을 나타내는 두 개의 원을 그린 다음 7이라는 숫자를 붙였다. 자신은 여왕의 비밀스러운 눈이고, 그 눈은 '성스러운 행운의 숫자' 인 7에 의해 보호된다는 의미였다.

이 시대의 사람들은 숫자 자체가 고유의 힘을 갖고 있다고 생각했다. 각각의 숫자는 많은 상징과 연결되었으며, 수학은 점술과 밀접한 관계가 있다는 믿음 때문에 숫자점은 흑마술로 분류되곤 했다. 엘리자베스와 존 디는 수학과 신비주의를 결합한 비학에 대한 관심을 공유하고 있었고, 그 연장선에서 비밀교신을 위한 암호를 만들어낸 것이다.

36

가이 포크스 데이,
극심한 갈등도
세월 흐르면 '축제'로

영국인은 해마다 11월 5일을 '가이 포크스 데이|Guy Fawkes Day'라 부르며 기념한다. 가이 포크스는 1605년에 일어난 '화약음모 사건'의 행동대장 이름이다. 이 사건에서 한 무리의 가톨릭교도들은 영국 왕을 암살하려다 실패했다. 그들은 국왕 제임스 1세가 의회에 출석하는 1605년 11월 5일에 의사당 지하에서 36배럴의 화약을 폭파시키려 했다. 음모 성공과 더불어 초래될 커다란 혼란 속에 외국의 도움을 얻어서라도 영국의 가톨릭을 부흥시킬 계획을 품고 있었다. 그러나 가이 포크스는 전날인 11월 4일 저녁에 의사당 지하에서 화약 더미와 함께 발각되었고, 고문 끝에 사건의 전모를 털어놓게 되었다. 그는 이듬해

1월 31일 처형되었다.

제임스 맥티그 감독의 영화 〈브이 포 벤데타V For Vendetta〉(2005)에서 가이 포크스가 영웅으로 묘사된 것은 기묘한 역설이다. 가이 포크스는 영국 헌정을 지키려던 것이 아니라 국왕이 참석하는 시간에 맞춰 의사당을 폭파하려다가 사전 발각된 헌정파괴범이었다. 가톨릭의 입장에서는 저항의 아이콘이 맞겠지만 프로테스탄트의 입장에서는 반역자요, 테러리스트에 지나지 않았다. 17세기 영국의 민족주의가 가톨릭 국가인 에스파냐와 프랑스를 적대 세력으로 간주하면서 프로테스탄티즘을 기반으로 삼아 형성되었음을 생각한다면 가이 포크스를 영웅으로 상정하기란 더욱 곤란해진다. 영국인에게는 가톨릭이 전제 권력과 동일시되었기 때문이다.

엘리자베스 1세의 뒤를 이어 1603년 영국 왕으로 즉위한 제임스 1세는 원래 종교 문제에서 관용적이었다. 특히 청교도보다 가톨릭교도에게 더 너그러운 편이어서, 가톨릭교도들은 그에게 많은 기대를 걸고 있었다. 그러나 1604년에 소집된 첫 의회가 가톨릭에 대한 적대적 성향을 강하게 드러내자 국왕도 가톨릭에 대한 억압 정책을 택하지 않을 수 없었다. 이에 배신감을 느낀 가톨릭교도들이 화약음모 사건을 일으켰다. 영국은 이미 16세기에 종교개혁을 거친 프로테스탄트 국가였고, 프로테스탄트 교도들의 눈에 이 사건은 가톨릭의 사악함을 드러낸 흉악무도한 일로 비쳐졌다. 의회는 법령을 통해 11월 5일을 국가적 기념일로 정해 해마다 행사를 치렀고, 그것은 영국 최초의 공식 국경일이 되었다.

이 사건이 있은 후 해마다 11월 5일이 되면 영국 각지의 도시와 마을에서는 축제가 벌어졌다. 가이 포크스의 인형을 끌고 다니며 조롱

가이 포크스 데이
가이 포크스 데이는 원래 가톨릭과 신교 간 종교 대립에서 시작되었지만, 지금은 우리의 정월대
보름 쥐불놀이처럼 전통놀이로 자리 잡았다. 서로를 저주하던 극한적인 대립을 보여준 사건이지
만 세월이 흐른 뒤엔 즐거운 축제로 자리매김하게 된 것이다.

하다 밤이 되면 불태우는 습속이 만들어진 것이다. 전통적으로 어린이들은 가이 포크스의 인형을 만들어 들고 다니며 어른들에게 불꽃놀이에 필요한 돈을 얻어낸다. 캐나다·남아프리카·뉴질랜드 등 영연방에 속한 나라들에서도 널리 축제가 행해지고 있다.

화약음모 사건은 400여 년 전에는 극한적 이념 대립을 드러낸 엄청난 사건이었지만, 이제는 정치적 의미는 퇴색된 채 아마추어 불꽃놀이 디자이너들이 실험적인 디스플레이를 하거나 각양각색 불놀이를 펼치는 순수한 의미의 축제가 되었다. 좀처럼 가실 줄 모르는 우리 사회의 분열적 상황도 시일이 지나면 언제 그랬느냐는 듯이 사그라질 때가 올 것이다. 후손들이 "예전에는 그랬다지?" 하면서 옛날 얘기를 할 날이 올 것이다. 그게 언제일까. 타협점을 찾지 못한 채 마주보고 달리는 열차처럼 질주하는 한국 사회의 극한 대립의 상처가 속히 아물기를 바라는 마음이다.

37

세 분야에서
천재성 보인 뉴턴

1642년 3월 31일은 인류 역사상 최고의 과학자로 평가되는 아이작 뉴턴(1642~1727)이 태어난 날이다. 뉴턴의 비범한 점은, 여러 가지 뛰어난 재능이 한 사람에게 동시에 나타났다는 사실이다. 과학의 역사를 보면, 일급 실험과학자 중에서 저명한 이론가가 배출된 경우는 없었다. 그리고 최고 수준의 이론과학자 가운데 탁월한 실험과학자가 배출된 경우도 거의 없었다.

이를테면 20세기 최고의 과학자로 꼽히는 아인슈타인은 탁월한 이론과학자임에 틀림이 없지만 실험과학자는 아니었다. 그러나 뉴턴은 '탁월한 실험과학자'인 동시에 '최고 수준의 이론과학자'였다. 더욱 놀라운 것은 세계사를 빛낸 위대한 과학자들 가운데 오직 뉴턴만이 수학 부문에서 최고의 역량을 보여주었다는 사실이다. 요컨대 뉴턴은 세 분야에서 최고 수준의 뛰어난 실력을 발휘했다. 오직 극소수의 과학자들만이 그중 한 분야에서 겨우 업적을 이룰 수 있는데 말이다.

그는 언제나 말수가 적었다. 말을 많이 한다는 것은 필요 이상으로 증명 단계를 늘리는 것처럼 세련되지 못한 일이라고 생각하는 듯했다. 누군가가 어떻게 그 많은 발견을 해냈느냐고 뉴턴에게 질문하자, 그는 이렇게 답했다.

"언제나 그 문제를 곰곰이 생각함으로써."

논박의 여지가 없는 답변이다. 그 자신의 표현을 빌면, "점차 빛이 떠오를 때까지" 며칠이고 한 문제에 놀랍도록 정신력을 집중했다. 이렇게 해서 떠오른 '빛'은 과학사를 통틀어 가장 기념비적인 업적이 되었다. 뉴턴이 인류 역사상 가장 위대한 과학자라는 것은 논란의 여지가 없는 사실이며, 실제로 그는 '가장 위대한 과학자'라고 불릴 수 있는 유일한 인물이다.

뉴턴이 가장 좋아했던 분야는 광학이었다. 그는 케임브리지대학의 연구실 덧문을 닫아걸고, 덧문에 지름 6밀리미터 가량의 '둥근' 구멍을 냈다. 이 구멍을 통해 가느다란 햇빛이 그의 어두운 방으로 들어왔다. 그는 구멍 가까이에 프리즘을 갖다 대어 반대편 벽에 스펙트럼이 투사되도록 했다. 그는 관찰했다. 벽에 비친 스펙트럼은 둥근 모양이 아니라 '기다란 직사각형'이었다. 놀랍고도 신기한 현상이었다.

빛을 에테르의 파동으로 간주했던 기존 가설에 따르면 프리즘을 통과한 빛은 반대편 벽에 지름 7센티미터의 동그란 스펙트럼을 만들어야만 했다. 그런데 뉴턴이 실험에서 관찰한 직사각형 스펙트럼은 가

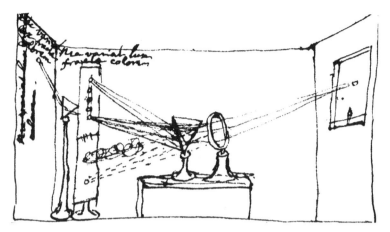

뉴턴의 스케치
데카르트의 굴질법칙에 모순이 있음을 발견한 뉴턴은 이 모순을 해결하기 위해 두 개의 프리즘을
통과해 굴절하는 빛에 대한 '중대한 실험'을 했다. 뉴턴이 직접 스케치한 그림이다.

뉴턴 동전
'조폐국장' 뉴턴이 고안한 톱니 모양은 지금도 세계 각국의 주화에 널리 사용되고 있다.

로가 7센티미터, 세로가 33센티미터였다. 세로 길이가 예상치보다 거의 다섯 배나 길었다. 기존 가설에 무언가 큰 결함이 있다는 증거였다.

그러나 당대의 주도적 과학자들은 기존 통념과 맞지 않는다는 이유로 뉴턴을 신뢰하지 않았다. 자신의 지적 우월성을 추호도 의심하지 않았던 뉴턴에게는 한 가지 방법만이 남아 있었다. 마치 어린 학생을 가르치듯 과학계의 거물들에게 과학의 방법을 가르치는 것이었다. 그는 말했다. "첫째, 사물의 성질을 직접 탐구하고 실험에 의해 그것을 확증하라. 그런 다음 그것을 설명하기 위한 가설로 나아가라. 왜냐하면 가설이란 사물의 성질을 설명하기 위한 것이지, 그것에 대해 결정권을 갖는 것은 아니기 때문이다." 관찰과 실험의 중요성! 그것은 근대과학의 신호탄이었다. 19세기 영국의 계관시인 워즈워스는 뉴턴에 대해 이렇게 말했다. "그는 사상의 낯선 바다를 홀로 항해했다."

뉴턴의 흔적은 우리의 비근한 일상생활에서도 찾을 수 있다. 1699년 왕립조폐국의 조폐국장이 된 물리학자 뉴턴은 주화의 순도를 보장하기 위해 금화와 은화의 가장자리에 톱니 모양의 장식을 도입했다. 주화를 받았을 때 이 톱니 모양이 없으면 사람들은 받으려 하지 않았다. 뉴턴의 조치는 주화 모서리에서 귀금속을 조금씩 깎아내는 행위를 방지해 주화 가치의 손상을 막기 위한 보호책이었다. 그 이전까지는 주화를 교환할 때 항상 무게를 달아 정량인지를 확인해야 했는데, 톱니 모양은 이런 불편을 일거에 해소했다. 깎아내면 금세 표시가 나기 때문이었다. 지금 우리가 사용하는 동전에도 톱니 모양의 장식은 여전히 남아 있다. 뉴턴은 과학계에만 공헌한 것이 아니라 우리 실생활에도 큰 공헌을 한 것이다.

* 이 글은 윌리엄 L. 랭어 엮음, 박상익 옮김, 《뉴턴에서 조지 오웰까지》(푸른역사, 2004)의 내용에 의거했음을 밝혀둡니다.

38

홉스의
《리바이어던》과 '근대'

한국 사회에서 '권력 서열 1위'인 대통령은 크나큰 비중을 갖는다. '5년 임기제 군주정'이라는 말이 나올 정도다. 영화감독 박성미는 2014년 4월 16일에 발생한 세월호 침몰 사건(여객선 침몰로 수학여행을 떠나던 고교생 포함 304명이 희생된 대형 해난사고)에 대한 정부의 무능한 대처에 항의하고자 청와대 홈페이지 게시판에 '당신이 대통령이어서는 안 되는 이유'라는 글을 올렸다. 그러자 어느 네티즌이 댓글에서 말했다. "대통령님에게 막말 하지 마세요. 국민의 행복과 국가의 경제발전을 위해 불철주야 애쓰시는 분입니다. 그리고 옛날 고사성어에 군사부일체란 말 들어보셨나요. 대통령에게 막말을 하는 것은 자기 부모에게 막말을 하는 것과 같다는 뜻입니다."

2014년 2월 초순 TV조선 카메라 앞에서 인터뷰에 응한 한 시민은 "지금 9살인 박지만의 아들(박근혜 대통령의 조카이자 박정희 대통령의 3세)이 40년 후에 대통령이 됐으면 좋겠다"라고 말했다. 이에 역사학자 전우용은 트위터를 통해 "지루해서 어떻게 40년을 기다리나. 당장 북한으로 가면 될 걸"이라고 일침을 가했다. 3대 세습이 이미 실현된 북한에 가서 살면 될 일이라는 뜻이다. 중학교 사회교과서에도 나오듯이 '공화정'이란 '군주정'의 반대 개념이다. 왕이 존재하지 않는 정치 체제를 뜻한다. 그러나 일부 국민들 사이에서 대통령은 마치 여왕처럼 받아들여지고 있다.

2014년 6·4 지방선거 기간 내내 많은 여권 후보들은 "대통령을 지켜주세요," "대통령의 눈물을 닦아주세요"라는 구호로 선거 운동에 임했다. 제왕적 대통령에 대한 '충성심'에 호소한 이 희한한 전략은 상당한 성과를 거두었다. 세월호 참사에 대한 정부의 갈팡질팡 대처로 집권당에 매우 불리한 여건에서 치러진 선거였음에도 불구하고 여당이 뜻밖의 선전을 펼친 것이다. 우리 국민의 눈높이(!)를 정확히 겨냥한 맞춤형 선거 전략이 주효한 셈이다.

영국 정치사상가 토머스 홉스(1588~1679)의 《리바이어던》은 절대권력을 옹호한 책이다. 홉스 자신도 왕에게 유리한 영향을 주려는 의도에서 이 책을 썼다. 홉스에 의하면 권력자는 《구약성서》에 나오는 바다 속 괴물 '리바이어던'과 같아서 모든 사람이 복종해야 하는 압도적 존재였다. "만인에 대한 만인의 투쟁 상태"인 자연상태의 혼란과 무질서를 종식시키기 위해 절대권력이 필요하다는 주장이다. 언뜻 생각하기에 당대의 군주들이 무척 반기면서 홉스를 같은 편이라 여겼을

리바이어던

《리바이어던》은 영국의 철학자 토머스 홉스가 1651년에 발표한 저서로, 사회계약설의 입장에서
절대왕정을 이론화했다. '리바이어던'은 《구약성서》〈욥기〉에 나오는 영생의 동물로, 홉스는 그
의 저서에서 국가를 리바이어던에 비유했다. "네가 낚시로 리워야단(리바이어던)을 낚을 수 있으
며, 끈으로 그 혀를 맬 수 있느냐? 그 코를 줄로 꿸 수 있으며, 갈고리로 그 턱을 꿸 수 있느냐? 리
워야단을 보는 사람은, 쳐다보기만 해도 기가 꺾이고, 땅에 고꾸라진다. 그것이 흥분하면 얼마나
난폭하겠느냐? 그것에게 덤벼들고 그 어느 누가 무사하겠느냐? 리워야단의 용맹을 어찌 말하지
않고 지나겠느냐? 빙 둘러 돌아있는 이빨은 보기만 해도 소름이 끼친다. 입에서는 횃불이 나오고,
불똥이 튄다. 그 숨결은 숯불을 피울 만하고, 입에서는 불꽃이 나온다. 목에는 억센 힘이 들어 있
어서, 보는 사람마다 겁에 질리고 만다. 심장이 돌처럼 단단하니, 그 단단하기가 맷돌 아래짝과 같
다. 일어나기만 하면 아무리 힘센 자도 벌벌 떨며 그 몸부림치는 소리에 기가 꺾인다. 칼을 들이댄
다 해도 소용이 없고, 창이나 화살이나 표창도 맥을 쓰지 못한다."(〈욥기〉 41장 1~26절)

것 같다. 하지만 천만의 말씀이다. 왕당파는 홉스의 절대왕권 옹호를 몹시 불쾌하게 여겼다. 홉스가 왕권을 단지 '기능'으로만 생각했기 때문이다. 홉스에게 왕권이란 혼란을 막고 질서를 확립하는 데 필요한 '수단'이나 '방편'일 뿐이었다. 하물며 홉스는 왕권을 '괴물'로 표현하기까지 했다. 그런 홉스를 어떻게 옹호할 수 있었겠는가.

당시는 왕권신수설이 왕당파의 정치이론으로 자리 잡고 있던 시대였다. 17세기 영국의 왕당파 정치인 클래런던은 이런 논리로 왕권을 옹호할 바에야 차라리 홉스가 태어나지 않았으면 더 좋았을 뻔했다고 말했다. 홉스의 논리는 군주제가 의존하고 있는 충성심과 경외심을 해체시키는 지극히 '불경한' 것이었기 때문이다. 홉스는 냉철한 합리주의에 의해 왕권의 종교적 오라aura를 말끔히 걷어냈다. 절대왕권은 신으로부터 부여받은 권력이 아니라, 사회로부터 양도받은 권력이었다. 홉스에 따르면, 국가권력은 하나의 거대한 동물(리바이어던)인데, 이 괴물을 사랑하거나 존경하는 사람은 없다. 절대권력은 그 행하는 바가 나무랄 데 없이 훌륭하다는 전제에서만 유용성을 인정받으며, 권력이란 개인의 안전을 지켜주는 종복에 불과하다는 것이다.

홉스는 철저한 공리주의자이자 개인주의자였다. 국가권력은 개개인의 안전보장에 기여할 때만 정당화된다. 그것이 더 많은 개인적 이익을 안겨줄 것이라는 예상이 없이는 개인의 왕권에 대한 복종과 존경의 합리적 기반은 존재하지 않는다. 홉스가 생각한 '국가'에는 각자가 개인적 이해관계에 따라 움직이는 개별적 인간만이 존재한다. 이 개인주의야말로 홉스의 정치사상이 내포하고 있는 근대적 요소다. 개인이 국가를 위해 존재하는 것이 아니라, 국가가 개인을 위해 존재하는 것이다.

서양의 '왕권신수설'에 견줄 만한 이론이 동양에선 아마도 유교의 '충효사상'일 것이다. 300명 넘는 무고한 생명이 희생을 당한 세월호 참사를 두고 최고권자인 대통령의 책임을 따져 묻는 사람에게 '군사부일체' 운운하며 반감을 표시한 네티즌의 태도는 전형적인 충효사상의 발로다. 박정희 3세가 40년 후에 대통령이 되어야 한다는 주장을 당당하게 펼친 시민은 박씨세습왕조의 충성스런 신민臣民이다.

홉스는 마키아벨리와 더불어 '근대' 정치사상의 토대를 놓은 정치철학자로 평가된다. 냉철한 합리주의와 개인주의로 정치에서 종교적 함의를 배제했다는 의미에서다. 권력은 신비하거나 거룩한 것이 아니다. 수단이요 기능일 뿐이다. 견제와 비판의 대상이다. 개인의 안전을 보장해주거나 개인에게 이익을 안겨주지 못한다면 주저 앉혀야 하는 게 권력이다.

국민은 권력자의 눈물을 닦아주는 존재가 아니다. 오히려 반대다. 국민 개개인의 눈물을 닦아주지 못하는 권력은 제거되어 마땅하다. 이것이 '근대' 정치다. 이런 근대적 정치의식을 바탕으로 영국인은 1649년 1월 30일 화요일 아침 런던 화이트홀 밖 처형대에서 찰스 1세의 목을 잘랐고, 프랑스인은 1793년 1월 21일 파리 혁명광장 단두대에서 루이 16세와 왕비 마리 앙투아네트의 목을 잘랐다. '목을 자른다'는 말은 단순히 해임하거나 축출한다는 뜻의 비유적 표현이 아니다. 말 그대로 '칼로 베어 자른다'는 뜻이다. 그래서 영어사전에는 'regicide'(국왕살해)라는 단어가 당당하게 등재되어 있다. 이것이 '근대적' 시민혁명이다.

우리는 진정한 의미의 근대적 시민혁명을 경험한 적이 없다. 국민의 손으로 직접 왕의 목을 잘라본 경험이 없다. 여전히 전전긍긍하면서 여왕님을 떠받들고, 그분의 눈물을 닦아줘야 한다고 생각한다. 그것이 백성의 마땅한 도리라고 생각한다. 왕조국가 신민다운 사고방식이다. 냉철한 합리주의도 개인주의도 없다. 근대성 결여의 명백한 증거다. '그분'은 여전히 '군사부일체'와 '충효'의 대상이다. 몸은 21세기에 살고 있지만, 정신은 19세기에 머물고 있다.

독일 철학자 헤겔은 《역사철학 강의》에서 말한다. "아시아인은 왕의 가마 메는 것을 인생의 목적으로 삼는다." 동양인에 대한 모독이다. 매우 불쾌한 말이다. 하지만 부인할 수 없다. 적어도 한국의 특정 지역에서는 이 말이 아직도 진실이니까. 한국 정치는 언제 중세를 벗어나 '근대의 봄'을 맞이할 수 있을까?

39
루이 14세의 절대권력,
'시간'이 심판하다

루이 14세(1638~1715)는 1643년 5월 14일 프랑스 왕으로 즉위했다. 만 5세가 되기 전에 왕위에 올라 무려 72년 동안 다스렸다. 제라르 코르비오 감독의 영화 〈왕의 춤〉(2000)에서 보듯이 그는 궁정 발레에서 '태양왕' 역을 맡아 춤을 췄고 이때부터 태양왕으로 자처했다. 그는 권위 확립의 수단으로서 '연출'의 중요성을 잘 인식한 인물로, 그의 초상화에 묘사된 절대군주의 풍모도 조심스럽고 정교하게 꾸며낸 것이었다.

루이 14세는 마치 배우와도 같은 생활을 했고, 일생 동안 왕의 풍모를 유지하기 위해 노력했다. 심지어 잠에서 깨거나 취침할 때조차도 복잡한 의식이 필요했다. 통상적인 수행원만 수십 명이었고, 대귀족들이 곁에서 시중을 들었다. 식사 시간은 더욱 거창했다. 전국 각지의 추종자들이 그가 식사하는 모습을 참관하기 위해 허가를 얻어야 할 정도였다.

그가 건축한 베르사유 궁전은 전략적 연출이 가장 잘 드러난 곳이다. 궁전은 하나의 무대였다. 주연배우인 국왕은 권력 과시를 위한 다양한 의식을 거행함으로써 귀족들을 매혹시켜 복종토록 했다. 귀족들은 태양왕의 행차가 궁전의 홀을 장엄하게 통과할 때 2, 3분만이라도 왕과 대화를 나누는 특권을 누릴 수 있기를 꿈꿨다. 1666년 과학 아카데미를 세워 과학을 적극 후원한 것도 같은 맥락이다. 케플러·갈릴레이가 이끈 17세기의 과학혁명은 태양중심설을 이끌어냈는데, 태양 중심 우주관은 태양왕의 영광에 기여하는 것이었다.

군주의 영광을 드높이기 위한 다음 단계는 전쟁이었다. 루이가 1680년경에 죽었다면 그의 명성은 최고조에 머물렀을 것이다. 그러나 말년의 루이는 성과 없는 전쟁에 집착해 프랑스의 재정을 파탄으로 몰고 갔다. 그는 동쪽으로 눈을 돌려 스트라스부르(1681), 룩셈부르크(1684), 쾰른(1688) 등을 차례로 점령했다. 이어서 라인강을 건너 밀고 들어가 라인란트 중부 지역을 약탈·방화했다. 루이 14세의 침략에 대항해 홀란드, 잉글랜드, 에스파냐, 스웨덴, 바이에른, 작센, 라인강 서부 팔츠 선제후령 등이 아우크스부르크동맹을 조직했다. 그 결과로 일어난 9년전쟁(1689~1697)에서 패배를 면치 못한 루이 14세는 프랑스가 근래에 획득한 대부분의 영토를 잃었다. 뒤이은 에스파냐 왕위계승전쟁(1701~1713)에서도 프랑스는 손자인 펠리페 5세의 왕위 계승을 인정받아 정치적 권위는 간신히 보전했지만, 식민지 영토를 잃고 경제적으로는 패배를 당했다.

국가의 빚이 1683년에서 1715년 사이에만 10배가 늘었다. 파리를 비롯한 모든 도시에 굶어 죽거나 전염병에 걸려 죽은 시체가 즐비했다. 그는 프랑스를 '위대한 국가'로 만들고 싶어 했으나 백성의 복지에는 관심이 없었다. 권력에 대한 견제 장치는 작동하지 못했다. 19세기 프랑스 역사학자 기조는 "루이 14세 통치 하의 프랑스는 국가의 불합리한 행위를 제어할 수 있는 장치가 없어 결국 냉정한 시간의 심판을 받을 수밖에 없는 처지가 되었다"고 말했다. 1789년 프랑스대혁명의 씨앗은 이때 뿌려진 셈이다.

루이 14세는 죽기 직전 증손자인 루이 15세에게 말했다. "너는 나처럼 건축과 전쟁에 너무 몰두하지 마라. 백성을 편안히 만드는 일에 힘써라. 나는 그렇게 하지 못한 것이 아쉽구나." 때늦은 후회였다. 그의 장례식에서 눈물을 흘리는 사람은 없었다. 사람들은 루이의 권력과 영광에 대한 탐욕이 프랑스를 망쳤다고 생각했다. 18세기 프랑스 저술가 뒤클로는 "많은 사람이 루이 14세의 영구 행렬이 지나갈 때 달려가서 욕을 퍼부을 가치도 느끼지 못했다"고 말했다. 절대권력의 쓴 열매였다.

이명박 정부가 한국형 녹색 뉴딜을 내세워 '4대강 살리기 사업'이라고 이름 붙인 4대강 사업은 2008년 12월 낙동강지구 착공식을 시작으로 2012년 4월까지 22조원의 예산을 투입해 추진한 대하천 정비 사업이다. 당시 4대강 사업에 대한 찬반 여론을 조사한 결과, 반대가 49.9퍼센트로 찬성 36.7퍼센트보다 13.2퍼센트 많은 것으로 조사되었지만 이명박은 반대 여론을 무시한 채 밀어붙였다. 2013년 감사원의 4대강 사업에 대한 감사 결과 이 사업은 총체적 부실로 드러났다.

루이 14세

이미지는 루이 14세의 효과적인 정치선전 도구였다. 문자해득률이 낮았던 시기에 글은 제한된 식자층에게게만 유용할 뿐이었다. 이에 비해 그림과 조각 등 시각적 매체는 좀 더 광범위한 계층에게 전달될 수 있었다. 르네상스 이후 유럽에서 군주의 초상화가 유행하고 거리에 기마상과 개선문이 세워진 것은 더 많은 사람들에게 정치적 정당성을 선전하기 위한 것이었다.

감사원 감사 결과에 따르면 4대강 사업은 설계부터 수질 관리까지 총체적 부실로 평가되었다. 4대강 사업은 보의 내구성 부족, 수문의 안전성 부족, 수질 관리 부실과 이로 인한 음용수의 안전성 저하, 불합리한 준설 계획, 과다한 유지관리비 책정으로 인한 사업비 낭비 등 전반적인 분야에서 문제점이 있다고 조사 결과를 발표했다.

　루이 14세가 전쟁과 건축에 몰두해 프랑스 경제를 거덜 냈다면, 이명박은 국민 절대 다수의 반대를 무릅쓴 토목공사로 우리나라 경제와 환경에 큰 상처를 남겼다. 루이 14세는 말년에 자신의 행동을 후회했다. 지금쯤 이명박도 후회를 하고 있을까.

표트르 대제 개혁의 한계

1697년 러시아는 250명의 젊은 귀족으로 구성된 '대사절단Grand Embassy'을 서유럽 각국에 파견해 유럽 과학을 습득하도록 했다. 사절단 가운데 다른 사람들보다 머리 하나만큼이나 큰 청년이 눈길을 끌었다. 2미터에 달하는 거구의 표트르 황제가 신분을 숨긴 채 사절단의 일원으로 동행한 것이다. 서유럽인들은 이 대사절단의 활동에 지대한 흥미와 호기심을 드러냈다. 19세기 영국 역사가 매콜리T. B. Macaulay는 이렇게 말한다.

그때까지만 해도 서유럽의 세련된 국가들은 마치 오늘날 우리가 시암(태국)을 바라보듯 표트르의 러시아를 신기하게 바라보았다. 정치적으로 판단할 때 러시아의 끝없는 영토는 암스테르담(네덜란드 수도)의 2~3평방마일보다도 가치가 없었다. 당시 서유럽인들은 광대한 영토를 지배하는 한 젊은 야만인 전제군주가 자국 면적의 100분의 1도 안 되는 작은 나라들이 누리는 번영과 힘의 비밀을 직접 알아내고자 개인 자격으로 여행한다는 것을 알고 놀라움을 금할 수 없었다.

1672년 6월 9일에 태어난 표트르는 당시 25세 청년이었다. 그는 18개월 동안의 순방 기간에 정치·외교 기법 외에도, 목수·선원·병기공·대장장이·치과의사 등 14가지나 되는 다양한 기술을 익혔다. 특히 4개월 이상 머물렀던 네덜란드 암스테르담에서는 선박 건조 기술을 익히는 데 전념했다. 17세기 네덜란드는 유럽 최대의 해양 강국으로서 황금시대를 구가하며 전 세계를 무대로 활발한 무역 활동을 전개하고 있었다. 당연히 선박 건조에서도 최고 수준의 기술력을 자랑하고 있었다. 네덜란드 선원 하멜 일행이 제주 앞바다에서 풍랑을 만나 표류한 것이 1653년임을 기억해둘 필요가 있다. 표트르는 박물관, 도서관, 해부실 등의 방문도 소홀히 하지 않았지만, 상당 시간을 네덜란드 조선소에서 지냈다.

1698년 러시아 귀족들은 막 유럽에서 돌아온 표트르를 알현하기 위해 속속 궁에 모였다. 이때 서양식 옷을 입은 표트르는 큼직한 가위를 들고 아무 말도 하지 않은 채 귀족 중 신분이 가장 높은 자들부터 수염을 싹둑 잘라버렸다. 당시 러시아인에게 긴 수염은 자부심을 상징했고, 러시아정교에서는 수염 깎는 행위를 이단시했다. 그러나 표트르는 서유럽을 여행하면서 러시아인의 긴 겉옷과 길게 기른 수염이

귀족의 수염을 자르는 표트르 대제

표트르가 보여준 개혁은 전통에 대한 공격을 의미했다. 그가 잘라버린 것은 수염이나 긴 소매뿐 아니라 지난 천년 동안 이어져 온 낙후된 문명이었으며 진부한 사고방식과 가치관이기도 했다. 그의 개혁은 폐쇄된 러시아에 새로운 양분을 공급하기 위해, 그리고 러시아인에게 개방적이고 진취적인 정신을 심어주기 위해 시작된 것이었다.

얼마나 우스꽝스럽게 보이는지를 깨달았다. 사흘이 지나자 궁정에서 수염을 기른 사람을 찾아볼 수 없게 되었다. 고종이 단발령斷髮令 (1895)을 내리기 2세기 전의 일이었다.

표트르는 모든 국민에게 의무적으로 수염을 깎도록 명령했고, 수염을 기르는 자에게는 귀족 60루블, 평민 30루블이라는 무거운 '수염세'를 부과했다. 세계 어디에도 이런 괴상한 세금은 없었을 것이다. 하지만 러시아는 이 세금으로 해군 함대를 편성할 수 있을 정도였다. 수염 다음은 옷이었다. 몇 달 후 표트르는 가위를 들고 시종들의 기다란 소맷자락을 잘라냈다. '소맷자락이 수프에 빠지는 등 온갖 말썽을 일으킨다'는 이유에서였다.

개혁 덕분에 러시아는 유럽의 대국으로 거듭났다. 그러나 강압적이고 폭력적인 탓에 폐해도 컸다. 표트르가 흥미를 보인 것은 유럽의 기술뿐이었다. 그는 유럽의 의회정치에는 무관심했고, 전제정치를 강화시키면서 농민의 이익을 무시했다. 징병과 세금으로 그들을 파멸시켰고, 결핍과 무지에 빠져들도록 방치했다. 개혁으로 이익을 얻은 것은 상층계급뿐이었고, 그들은 농민과 더 이상 공통점이 없었다. 신식 교육을 받은 장교, 관리, 지주 등은 농민과는 전혀 다른 모습을 갖게 되었다.

외모뿐만 아니라 생활 방식과 종교 면에서도 완전히 달라졌다. 농민들은 긴 수염에 장화를 신고, 바지 위에 셔츠를 꺼내 입고 그 위에 벨트를 했으며, 지방의 관습과 조상들의 믿음을 그대로 이어받았다. 반면, 상류 계급은 베르사유 스타일로 옷을 입고, 주로 프랑스어로 말하고 글을 썼다. 그들은 처음에는 볼테르 숭배자가 되더니, 종국에는 셸링과 헤겔, 그리고 서유럽 사회주의의 신봉자가 되었다. 그들은 더 이상 노동계급과 공통점이 없는 집단이 되어버렸다.

　황실 자체도 부분적으로 민족적 정체성을 상실했다. 표트르 대제의 후계자들은 독일의 군소 왕가들과 동맹 관계를 유지하느라, 러시아의 참된 이익을 옹호하는 차르의 자문관들과 대결 양상을 보이곤 했다. 게다가 프로이센 정신에 충만한 무자비한 군인정신으로 러시아 군대를 훈련시켰다. 이미 표트르 대제 치세에 '두 국민' 사이에 상호 이해의 결여와 심각한 균열이 생기기 시작했다. 1917년 러시아혁명의 원인 중 하나는 분명 이 '균열'이었다. 소비에트 체제에 의해 수립된 '계급 없는' 사회의 회색빛 보편주의만이 이 간극을 메울 수 있었다. 소통 거부와 일방주의가 초래한 결과물이었다. 불통으로 얼룩진 21세기 초의 한국 정치가 반면교사로 삼아야 할 역사다.

---

* 이 글은 윌리엄 L. 랭어 엮음, 박상익 옮김, 《뉴턴에서 조지 오웰까지》(푸른역사, 2004)의 내용에 의거했음을 밝혀둡니다.

41

18세기의 그랜드 투어,
해외 관광여행의 효시

16세기 종교개혁 이후 유럽 사회에서 해외여행은 매우 위험한 일이었다. 프로테스탄트 국가인 영국의 경우 가톨릭 국가인 프랑스나 이탈리아로 여행하는 것은 원칙적으로 금지되어 있었다. 여행을 통해 가톨릭의 영향을 받게 되어 영혼이 더럽혀질 수 있다는 것이 가장 큰 이유였다. 가톨릭과 프로테스탄트 사이의 극렬한 종교 대립과 갈등으로 유럽 대륙에서 '30년전쟁'(1618~1648)이 치러질 정도였다. 국내 지방 도시를 제외하면 여행이란 불가능했고, 대부분 자기 고장에서 살다가 생을 마감했다.

그러나 1700년 이후 계몽사상의 보급으로 종교적 갈등이 누그러졌다. 이성의 중요성이 강조되고 새로운 과학이 등장하면서 마녀사냥과 같은 광포한 종교적 박해도 사라지기 시작했다. 이에 따라 전보다 훨씬 자유롭게 가톨릭 국가로 여행할 수 있는 분위기가 형성되었다. 이전까지는 정치적·종교적 박해를 피해 도피하는 여행이 대부분이었다면, 이제는 교육을 전면에 내걸고 당당하게 여행을 떠나는 사람들이 많아졌다.

영국 젊은이들이 교육의 방편으로 해외여행을 택한 이유 중에는 당시의 대학교육에 대한 불만도 있었다. 17세기 말부터 영국에서는 옥스퍼드나 케임브리지 등 주요 대학들에 대한 비판과 불만이 점차 고조되었다. 18세기 초가 되면 대학은 텅 비고 그 위상은 한없이 추락했다. 1733년 케임브리지의 크라이스츠 칼리지는 신입생이 고작 세 명이었다. 대학의 인기가 하락한 가장 큰 이유는 진부한 커리큘럼이었다. 사회는 급변하고 있었지만 대학에서는 중세부터 계속되어온 케케묵은 교과목이 되풀이되었고, 교수들은 학생들에게 실생활과는 전혀 관계없는 라틴어 고전을 외우게 했다.

귀족과 상인들 사이에 마치 유행병처럼 외국 여행 붐이 일어났다. 특히 유럽의 '변두리 국가'였던 영국·독일·러시아·스칸디나비아 사람들이 자제들을 외국으로 보냈다. 해외 식민지에서 벌어들인 돈으로 큰 부자가 됐지만 '문화적 열등감'을 떨칠 수 없었기 때문이다. 이탈리아와 프랑스는 고대 로마제국으로부터 이어받은 유산에 대한 자긍심이 있었다. 특히 이탈리아는 한때 로마제국의 중심부였고, 14세기 이래 찬란한 르네상스 문화를 일궈낸 '선진국'이었다. 르네상스 휴머니즘이 고대 그리스·로마를 얼마나 예찬했던가! 휴머니스트들이 이상향으로 꼽았던 로마야말로 여행의 최고 목적지였다. 그 결과 1720

년경부터 행세깨나 하는 영국인이나 독일인 중 프랑스나 이탈리아에서 2, 3년 체류한 경험이 없는 사람은 시골뜨기 취급을 받았다. 스칸디나비아와 러시아의 귀족들도 재빨리 그런 유행을 뒤따랐다.

영국과 독일의 젊은 귀족들은 예법을 익히고 전쟁과 외교를 배우기 위해 반드시 '그랜드 투어'를 해야만 했다. 경제력 덕분에 유럽인들은 유럽 역사상 가장 값비싼 교육비를 부담할 수 있었다. 젊은 귀족들은 보통 3년 이상 외국에 체류했다. 대개 그들은 수행원으로 두 명의 가정교사를 두었다. 한 명은 공부를 가르쳤고, 또 한 명은 승마·펜싱·전술을 가르쳤다. 《국부론》의 저자로 잘 알려진 경제학자 애덤 스미스도 한때 부잣집 '도련님'을 수행했을 정도로 가정교사 중에는 저명한 학자가 많았다.

이탈리아와 프랑스에서 배운 심미안과 교양 덕분에 야만 상태 비슷한 수준에 살던 유럽의 변두리 국가들은 도회적 세련미를 갖추게 되었다. 그랜드 투어는 유럽 귀족계급에 동질성을 가져다주었다. 그랜드 투어를 경험한 젊은이라면 취향·지식·교양·교육이 비슷했기 때문이다. 영국 총리인 로버트 월폴 경의 막내아들로 태어난 호러스 월폴(1717~1797)은 20대 청년 시절 프랑스와 이탈리아의 상류 사회에 아무런 어려움 없이 진입했다. 월폴 같은 젊은이에게 국적은 아무런 문제가 되지 않았다. 월폴과 같은 신분을 가진 유럽의 젊은이들은 국적이 무엇이든 간에 취향, 지식, 교양, 교육이 모두 동일했다. 그들은 모두 그랜드 투어를 통해 삶의 방식을 터득했던 것이다.

그랜드 투어는 취향과 교양뿐만 아니라 사상의 전파도 용이하게 만들었다. 볼테르, 루소, 디드로, 기번, 흄 등의 저작은 그들의 조국에서 읽힌 것만큼이나 신속하게 (러시아의) 상트페테르부르크나 (이탈리아

그랜드 투어

한 영국인 '도련님'(가운데 키 작은 청년)이 가정교사와 하인들을 거느리고 프랑스 여관에 도착하는 모습이다. 그는 이곳의 음식과 잠자리가 불편하지나 않을까봐 걱정이다.

의) 나폴리에서도 널리 읽혔다. 또한 그 과정은 사상의 전파를 용이하게 했고, 계몽주의를 범유럽적인 현상으로 만드는 밑거름이 되었다. 전 유럽의 지적 평준화가 이뤄진 셈이다.

19세기에 들어 그랜드 투어의 시대는 종말을 맞았다. 그 후로는 관광tourism의 시대가 도래했다. 투어리스트tourist라는 말은 1800년경에 처음 등장했다. 이때부터 여행과 관광은 다른 것으로 인식되기 시작했다. 여행이 일정한 목적을 지니고 길을 떠나는 행위를 지칭한다면, 관광은 일상을 떠나 다시 돌아올 것을 전제로 하는 즐거움을 위한 여행을 가리켰다. 오롯이 즐거움을 목적으로 한다는 것이 이전에 볼 수 없던 특징이었다. 나폴레옹 전쟁이 종결된 1815년부터는 대중 관광mass tourism 시대가 열렸다. 관광이 대중화되어 관광객이 대량으로 이동하는 현상이 나타난 것이다.

귀족 계급의 그랜드 투어를 종식시킨 것은 철도와 증기선의 발달이었다. '대중 관광의 아버지'로 불리는 토머스 쿡Thomas Cook(1808~1892)은 1841년 6월 5일 영국 레스터에서 러프버러까지 12마일(약 19킬로미터)을 달리는 열차를 전세 내어 특별 유람 열차를 운영하기 시작했다. 승객 1인당 왕복 1실링(2011년 기준 약 34파운드)의 요금에 식사가 포함되었다. 최초로 유람열차가 출발하던 날 570명의 승객이 기차에 올랐다. 쿡의 사업은 나날이 번창했다. 그는 1865년에는 미국 여행 패키지 상품을, 1872년에는 최초의 세계일주 패키지 상품을 만들었다. 1888년까지 쿡의 회사는 호주에 3개, 뉴질랜드에 1개를 포함해 세계 각국에 60개 이상의 사무실을 열었다.

1983년 한국관광공사는 '국민관광장기종합개발계획'을 수립했다. 정부는 국제 무역수지상 안정적 균형이 가시화되었던 1983년 1월 1일부터 50세 이상 국민에 한하여 200만원을 1년간 예치하는 조건으로 연 1회에 한해 유효한 관광여권을 발급하기 시작했다. 역사상 최초로 관광 목적 해외여행이 자유화된 것이다. 그때까지는 엄격한 심사를 거쳐 공무로 가는 여행과 기업에서 회사일로 가는 여행만이 허용되었다. 그 후 1988년 서울 올림픽을 계기로 1989년 1월 1일 국민 해외여행이 전면 자유화되었다. 여행이 아닌 관광의 시대가 활짝 열린 것이다.

18세기 유럽의
위조 미술품 거래

2009년 봄, 서울의 한 경매장에 김홍도의 작품으로 전해지는 병풍 그림 〈화첩평생도畵帖平生圖〉가 추정가 4,500~6,500만 원에 나왔다. 고미술 전문가가 한마디 했다. "김홍도의 8폭 병풍이 4,500만원이라는 게 말이 됩니까. 진짜 김홍도 작품이라면 4,500만원이 아니라 5억, 10억 원이 넘어야죠." 비단 이 병풍뿐이겠는가. 한국 미술계는 고미술· 현대미술 할 것 없이 위작 소동으로 수많은 크고 작은 홍역을 치른 것이 사실이다. 같은 해 봄에 개봉된 김래원, 엄정화 주연의 〈인사동 스캔들〉도 가짜 고미술품을 주제로 만들어진 영화다.

　18세기 유럽에서도 가짜 미술품 소동이 흔했다. 귀족 계급이 앞다

투어 해외여행에 나선 '그랜드 투어'가 본격화되자 많은 유럽인이 이탈리아에 가서 미술품을 수집했다. 이탈리아의 관광안내원들은 현지의 화가·화상들과 긴밀한 관계를 유지하면서 고객과 예술가 양쪽으로부터 수수료를 챙겼다. 영국의 젊은 귀족들은 당연히 동향 사람에게서 물건을 구입할 때 더 안전함을 느꼈다. 웨일스 출신의 교활한 상인 토머스 젠킨스(1722~1798)는 고객들의 이런 약점을 이용해 엄청난 돈을 벌어들였다. 로마의 대표적인 예술품 취급상이었던 그는 자기 물건에 비싼 값을 매겼으며, 귀족들이 구입하고 싶어 하는 조각상의 대금을 당장 지불할 수 없는 경우 구입 자금을 그들에게 대출해 줌으로써 이중으로 이익을 챙겼다.

젠킨스는 대단한 연기력을 가진 사람이었다. 그는 수십 배의 막대한 이익을 남기며 소장품을 판매하면서도, 소장품과 헤어지는 것이 못내 아쉽다는 듯 비통한 눈물을 흘렸다. 악어의 눈물이 따로 없었다. 두뇌 또한 연기력 못지않게 비범했다. 유물 복원 기술이 타의 추종을 불허했던 것이다. 그의 솜씨 좋은 손이 닿기만 하면 산산조각 난 고대의 토르소에는 감쪽같이 팔·다리·머리가 생겨났고, 최고 수준의 니코틴 처리를 거치면 그가 청구한 금액에 걸맞은 고색창연한 얼룩이 생겨났다. 그는 고객에게 결코 비굴하게 굴지 않았다. 오히려 은근히 고객의 무지를 강조하면서 자신의 뛰어난 감식력을 과시했고, 이렇게 고객의 기를 죽인 뒤 분위기를 틈타 주머니를 털었다.

물론 젠킨스보다 수준이 떨어지는 사기꾼도 많았다. 그들은 싸구려 모조품에 터무니없는 값을 매겨 귀가 얇은 귀족들의 돈을 털었다. 전반적으로 전문성과 정직성의 수준은 낮았으며, 옛 거장들을 베끼는 솜씨는 높은 경지에 이르렀다. 르네상스의 거장 라파엘로의 작품이

수없이 많이 탄생했지만, 그것들은 냉정하고 비판적인 북유럽의 불빛 아래서 보면 부끄러운 것들이었다.

여행을 다녀온 사람치고 빈손으로 돌아온 사람은 거의 없었다. 고대 그리스의 대리석 작품에서 당대 이탈리아 화가의 수채화에 이르기까지 수천 점의 그림·조각상이 북유럽으로 반입되었다. 이탈리아적인 모든 것—고대의 것이든 현대의 것이든—에 대한 이러한 열정으로 말미암아, 화가와 조각가들은 로마 순례를 떠나지 않을 수 없었다. 그랜드 투어를 마치고 돌아온 귀족들의 예술적 감식력 앞에서 자신의 예술적 역량을 입증하지 못하면 영국에서 생계를 유지할 길이 막막했기 때문이다.

여행자들은 예술에 대한 열정은 있었지만 예리한 비평적 안목을 견지하거나 정신적 독립성을 보여주지는 못했다. 그들은 이탈리아 르네상스 시대 화가인 티치아노의 그림을 구입하기 위해 거액을 지불했고, 바로크 화가인 카라바조의 그림을 찬양했다. 하지만 오늘날 이들 예술가들은 그랜드 투어 여행자들이 시종일관 무시했던 틴토레토나 보티첼리보다 작품 수준이 훨씬 낮은 것으로 평가받고 있다. 그림뿐만 아니라 건축에서도 그들은 당대의 유행에 함몰되어, 베네치아의 성 마르코 성당을 야만스럽다고 평가한 반면, 베르니니가 조각한 성 베드로 대성당 기둥에 대해서는 찬양으로 일관했다.

이런 한계가 있기는 했지만 그랜드 투어는 전반적으로 북유럽의 예술과 심미안의 성숙에 긍정적인 기여를 했다. 오늘날 북유럽 박물관들이 소장하고 있는 예술품들은 그랜드 투어를 즐기면서 탁월한 미적 감각으로 소장품을 선별해서 사들인 젊은 귀족들의 재력과 수완에 힘입은 바 크다. 예를 들면 대영박물관의 타운리 컬렉션Townley Collection

찰스 타운리

독일 태생 영국 화가인 요한 조파니는 저명한 수집가 찰스 타운리(1737~1805)가 그랜드 투어에서
수집한 미술품에 둘러싸여 있는 모습을 그렸다. 타운리 또한 미술품 상인 젠킨스의 고객 중 한 사
람이었다.

은 그리스·로마의 값진 조각 작품들을 포함하고 있는데, 이 컬렉션은 찰스 타운리가 그랜드 투어를 통해 수집한 작품들이다.

정통 보수주의자
에드먼드 버크

광복 후 이승만 정부 이래 우리나라에서 권력을 장악한 것은 대체로 보수주의를 표방하는 세력이었다. 반세기 넘도록 보수 세력이 정치권의 주류를 이루었지만, 우리 사회에서는 정작 보수주의가 무엇인지에 대한 진지한 검토가 드물었다. 보수주의를 막연히 변화를 거부하고 기득권을 고수하려는 태도를 의미하는 것으로 여기면 곤란하다. 과거에 대한 맹목적 집착은 '수구'라고 표현하는 것이 훨씬 어울린다. 보수주의는 과거에 대한 막연한 집착이 아니라, 특유의 가치관을 지닌 하나의 '정치철학'이기 때문이다.

정치철학으로서의 보수주의를 창시한 인물은 영국의 에드먼드 버크(1729~97)다. 버크가 1790년에 쓴 《프랑스혁명에 관한 성찰》에서 프랑스혁명에 대한 비판을 제기함으로써 비로소 보수주의가 탄생한 것이다. 버크 이후 오늘날까지 보수주의 정치사상은 버크의 사상을 세련되게 다듬고 확대한 것에 불과하다. 근대 이데올로기들 가운데 보수주의만큼 한 사람의 사상에 의존한 정치사상도 없다. 마르크스를 모르는 사회주의자가 있을 수 없다면, 버크를 모르는 보수주의자는 더더욱 있을 수 없다는 말이다.

버크의 보수주의는 18세기 계몽사상의 과도한 이성주의에 대한 반발로 출발했다. 버크의 사상이 '18세기에 대한 반란'으로 불리는 것은 이런 까닭에서다. 그는 수많은 세대를 거치면서 농축된 인간 경험인 관행(관습)과 전통과 편견이 한 세대나 한 개인의 추상적 이성보다 훨씬 깊은 지혜와 통찰력을 갖는다고 믿었다. 그가 프랑스혁명을 반대한 것도 혁명 세력이 인민주권이라는 '추상적 권리'를 앞세웠기 때문이다.

버크가 프랑스혁명을 반대했다고 해서 인간의 자유와 권리를 덮어놓고 반대했다고 생각한다면 오산이다. 버크는 '전통 속에서 구체화된 자유'에 대해서는 전폭적인 지지를 표명했다. 예컨대 버크는 1215년의 마그나카르타와 1688년의 명예혁명의 정당성을 인정했다. 뿐만 아니라 마르틴 루터의 종교개혁의 필연성을 받아들였다. 버크는 종교개혁의 성과를 논하면서, 때때로 혁명적인 방법에 의하지 않고는 제거할 수 없는 악과 폐해가 과거에 있었음을, 종교개혁의 혁명적인 과정이 역사 발전의 위대한 순간이었음을 인정했다.

미국 독립혁명에 관한 버크의 태도는 보수주의에 대한 우리의 막연한 선입견을 산산조각 내버린다. 그는 반란을 일으킨 자는 아메리카 식민지인이 아니라 '영국 정부'라고 주장했다. 영국 정부는 영국인의 전통에 입각한 합당한 자유— '대표 없이는 과세도 없다'는 원리로 구현된 자유—를 배반했고, 아메리카 식민지인은 영국인의 후예로서 자유를 사랑하는 영국인의 기질을 이어받았으므로 당연히 영국적인 권리를 가진다는 것이다.

다른 나라 이야기 제아무리 해봐야 피부에 와 닿지 않는다면, 정치학자 강정인 교수의 설명에 귀를 기울여보기로 하자. 강 교수는《에드먼드 버크와 보수주의》에서 에드먼드 버크가 한국현대사를 본다면 어떻게 평가할 것인지를 시뮬레이션으로 보여준다. 만일 5·16 쿠데타에 의해 성립된 3공화국에 대해 어떤 세력이 혁명을 시도한다면 그 세력을 버크는 어떻게 평가할까? 10월 유신을 통해 성립된 유신정권에 대항하는 혁명은 어떻게 평가할까? 12·12 쿠데타를 통해 집권한 5공화국을 혁명으로 전복하려는 세력에 대해서 버크는 어떻게 평가할까?

답은 이렇다. 버크는 3, 4, 5공화국의 정권 타도를 주장하는 혁명 세력의 정당성을 인정해주리라는 것이다. 왜냐하면 세 공화국에서 집권 세력이야말로 '헌정 질서를 폭력에 의해 전복한 반도叛徒'이며, 그에 대항하는 세력은 '기존의 헌정 질서를 회복하고자 하는 보수적이며 방어적인 세력'이기 때문이라는 것이다. 요컨대 박정희, 전두환은 '보수주의의 적'이라는 말이다.

《프랑스혁명에 관한 성찰》은 보수주의의 '경전'에 해당하는 문헌이지만 광복 이후 60여 년 동안 우리말 번역이 없었다. 비유하자면 그동안 한국의 보수는 '한글 성경 없는 그리스도교'였던 셈이다. 2009년 봄 '진보 성향'의 한 서양사학자가 국내 최초로 이 책을 번역, 출간했다. 비유하자면 불교 승려가 그리스도교 성경을 번역해준 셈이다. 우

에드먼드 버크의 동상

에드먼드 버크(1729~97)의 동상이 그의 모교인 아일랜드 더블린의 트리니티 칼리지(더블린대학교로도 불린다)에 서 있다. 정통 보수주의의 원조인 버크는 영국 정계에 진출해 29년간(1766~94) 하원의원으로서 의정생활을 했다. 그는 프랑스혁명을 반대했지만 미국 독립혁명은 지지했다.

리 사회의 척박한 지식 인프라와 보수의 지적 게으름을 동시에 확인해준 '사건'이다. 일본은 메이지유신 직후인 1881년에 이 책을 번역했다. 우리와는 128년 격차다. 그동안 우리 사회에서는 평생 버크 이름도 들어본 적 없는 얼치기들이 보수의 탈을 쓰고 목청을 높였던 셈이다. 정통 보수의 목소리가 간간이 들리기는 하지만 아쉽게도 사이비들이 외쳐대는 함성 속에 파묻히기 일쑤다. '강남 귤이 강북에 오면 탱자 된다'는 중국 고사 그대로다.

영국의 천재 공학자 브루넬

모든 과학기술 분야가 고도로 전문화되어 있는 우리 시대에는, 어떤 한 분야의 전문가가 다른 분야에서도 전문성을 인정받기가 거의 불가능하다. 그러나 19세기 영국의 엔지니어 이점바드 킹덤 브루넬(1806~1859)은 터널·교량·철도·조선 등 수많은 다양한 분야의 기술을 믿을 수 없을 만큼 완벽하게 소화해낸, 명실공히 근대 최고의 공학자였다.

브루넬은 어린 시절 에스파냐에 성城을 건축하겠다는 야심찬 계획을 꿈으로 간직했다고 고백한 적이 있다. 그러나 아무리 훌륭한 계획일지라도, 이상을 품는 것과 구체적으로 실행에 옮기는 것은 전혀 다른 문제다. 흔히 상상력이 풍부한 천재는 세부적인 면에 집중하는 능

이점바드 킹덤 브루넬

19세기 천재 공학자 이점바드 킹덤 브루넬이 1858년 그의 최후 작품이라 할 그레이트이스턴호의
거대한 앵커 체인 앞에 서 있다. 2012년 런던올림픽 기간 중 한국선수단 훈련캠프가 설치된 장소
가 바로 브루넬대학이었다. 브루넬의 업적을 기리기 위해 설립된 대학이다.

력과 이상을 실현하는 데 필요한 고된 노력을 투입할 의지력이 없는 경우가 많다. 브루넬이 성공할 수 있었던 비결은 이 두 가지를 다 해 낼 수 있었다는 데 있다.

브루넬이 뚫은 템스 강 하저터널은 지금도 런던 지하철의 일부로 사용되고 있다. 그는 클리프턴 현수교의 설계도를 그리기도 했다. 비록 자금 부족으로 현수교를 완성시키지는 못했지만 이로 인해 브루넬은 높은 명성을 얻었고, 1833년 27세의 나이로 런던-브리스톨 간 '그레이트웨스턴 철도' 건설의 책임자가 되었다. 3,200킬로미터에 달하는 철도가 브루넬의 감독 아래 건설되었다. 이 정도만 해도 한 사람이 짧은 생애 동안 성취하기 어려운 일이다.

하지만 그것으로 끝나지 않았다. 브루넬은 조선공학에서도 획기적인 업적을 이루었다. 그는 1838년 세계 최초의 대서양 정기 횡단 목제 외륜증기선 '그레이트웨스턴호'를 건조했다. 이어 세계 최초의 스크루 추진 철제증기선 '그레이트브리튼호'가 1845년 대서양 항해에 투입되었다. 하지만 이 배는 대서양보다 노선이 길어질 경우에는 연료를 추가 공급받아야 하는 문제가 있었다. 브루넬의 세 번째이자 마지막 배는 '그레이트이스턴호'였다. 이 배는 당시 바다를 떠다니던 최대 선박보다 4배나 커서 연료 보급 없이 세계를 일주할 수 있었다. 이 배는 1899년까지 세계 최대 규모를 자랑한 선박이었다.

1857년 그는 가혹한 조건에서 열악한 장비로 그레이트이스턴호를 진수해야 했다. 그 과정에서 자동양수기가 터지고 육중한 쇠사슬이 무명실처럼 힘없이 끊어졌다. 3개월간의 악전고투 끝에 마침내 1858년 1월 31일 배가 물 위에 떴다. 그러나 그 사이 브루넬은 건강을 망쳤고, 회사는 선박 제작 후반에 들어간 비용을 감당할 수 없었다.

건조 중인 그레이트이스턴호
이 거대한 배는 배수량이 3만2천 톤에 달해 연료 재공급 없이도 세계를 일주할 수 있었다. 이 배는 외판外板을 이중으로 처리한 튼튼하기 그지없는 거대한 철제 선박이었다. 브루넬은 앞서 설계한 두 배에서 얻은 모든 경험을 이 배에 쏟아 부었다. 그레이트이스턴호는 그의 마지막 걸작으로, 선박 건조의 역사에 새로운 지평을 열었다.

1859년 새로운 회사가 설립되어 마침내 그레이트이스턴호를 완성했지만, 브루넬은 뇌졸중으로 쓰러져 신체 한쪽이 마비되는 바람에 첫 항해에 승선할 수 없었다. 9월 7일 그레이트이스턴호는 브루넬을 육지에 남겨둔 채 출항했지만, 항해 중 보일러와 가열장치가 폭발하는 사고가 발생했다. 대형 굴뚝 중 하나가 파손되었고, 객실이 파손되었으며, 여섯 명의 화부가 화상으로 사망했다. 다행히 배는 예정된 목적지에 항해할 수 있었지만, 브루넬의 불요불굴의 정신은 최후이자 최대인 이 재난으로 인해 무참히 꺾였고 며칠 뒤인 1859년 9월 15일 사망하고 말았다.

브루넬은 자신이 선택한 모든 분야에서 지극히 탁월한 능력을 발휘한 공학자였다. 2002년 영국의 BBC 방송이 여론조사로 '영국 역사의 대표 인물 100명'을 선정할 때 브루넬은 윈스턴 처칠에 이어 당당히 2위에 올랐다.

브루넬이 공학을 선택한 이유는 19세기 영국이 그의 비범한 창조력을 분출할 수 있는 가장 만족스러운 조건을 제공하는 부문이 공학이었기 때문이다. 반면 우리는 어떠한가. 대학입시에서 '이공계 기피 현상'이 심각하고, 그나마 배출된 과학 인재 상당수는 의·치의학대학원 등으로 향한다고 한다. 맘 놓고 일할 수 있는 이공계 직업이 부족하기 때문이다. 방향 잃은 과학 기술 정책이 국가경쟁력을 갉아먹고 있다. 이 땅에 수많은 '브루넬'이 자라날 여건을 마련해줄 경세가經世家는 정녕 없는 것일까.

제 4 부

밀턴

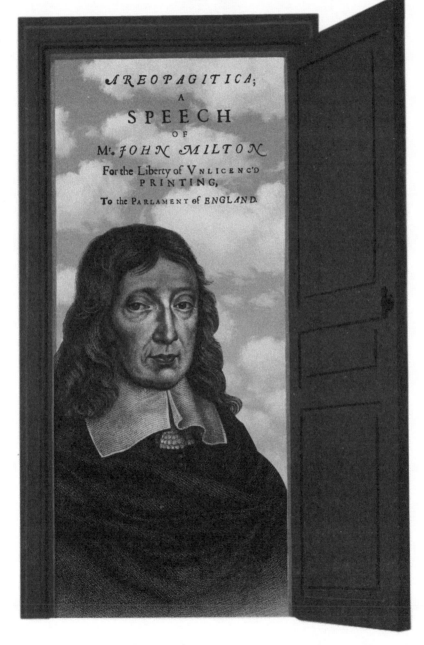

45

종교가 권력이 될 때
얼마나 무섭게 변질되는가

세계에서 유례를 찾기 힘든 종교 다원 사회인 우리나라에서 불교와 천주교 신자들은 자신의 종교에 대한 몰입도가 높을수록 다른 종교 또한 더 좋아한다. 그러나 유독 개신교 신자들은 종교 몰입도가 높아질수록 자신의 종교에 대한 편애가 커지고 타 종교에 대한 관용도가 낮아지는 경향을 보인다고 한다. 당연하게도 이는 개신교인에 의한 종교 갈등 가능성이 가장 크다는 결론으로 귀착한다. 사회학자 전성표 교수의 연구결과다.

'그리스도교가 원래 그런 것 아니냐'는 냉소적인 반응도 나올 수 있지만, 정작 예수에게서는 배타성을 찾아볼 수 없다는 점을 눈여겨봐야 한다. 대체 그런 독선과 배타성은 어디에서 생겨났을까? 개신교 최대 교파를 자랑하는 장로교의 원조 칼뱅이 가공할 독선과 전횡을 휘두른 인물임을 아는 사람은 그다지 많지 않을 것이다. 칼뱅이 통치한 시기의 제네바 의회 기록에는 칼뱅의 정치적·종교적 무오류성에 의심을 표명했다가 잔혹한 형벌을 받은 사례가 허다하다.

칼뱅의 예정설에 공공연히 반대한 한 남자는 도시의 모든 교차로에서 피가 날 때까지 채찍질을 당하고 난 뒤 화형에 처해졌다. 술에 취해 칼뱅을 욕한 어떤 출판업자는 불타는 쇠꼬챙이로 혀를 찔린 후 도시에서 추방당했다. 자크 그뤼에라는 사람은 칼뱅을 위선자라고 불렀다는 이유만으로 고문받고 처형당했다. 어떤 시민은 '칼뱅 선생님'이라고 부르지 않고 '칼뱅 씨'라고 불렀다는 이유로 감옥에 갇혔다. 이런 사례는 끝없이 이어진다. 칼뱅이 제네바에서 사실상의 통치자로 있던 처음 5년 동안 이 도시에서 칼뱅을 의심했다는 혐의로 13명이 교수대에 매달리고, 10명의 목이 잘리고, 35명이 화형당하고, 76명이 추방당했다.

종교적 견해가 다르다는 이유로 신학자 세르베투스가 화형에 처해진 것은 널리 알려진 역사적 사실이다. 칼뱅의 세르베투스 처형은 볼테르의 말대로 개신교에서 일어난 최초의 '종교적 살인'이었다. 그것은 개신교 본래의 이념을 부정한 사건이었다. 사실 '이단자'라는 개념 자체가 개신교의 가르침에 맞지 않는다. 개신교는 모든 사람에게 성서 해석에 대한 자유로운 권리를 인정했다. 칼뱅 자신은 젊은 날 루터파를 편들었다는 이유로 프랑스에서 쫓겨난 적도 있었고, 《그리스도교 강요綱要》 서문에서 국왕 프랑수아 1세에게 종교적 관용과 신앙의 자유를 요구하기도 했다. 그랬던 칼뱅이 저지른 잔혹한 처벌은 종

칼뱅

칼뱅(1509~1564)은 루터와 함께 16세기 종교개혁의 가장 중요한 지도자 중 한 사람이다. 루터가
영감을 받은 사람으로서 종교개혁을 시작했다면, 칼뱅은 조직자로서 종교개혁이 천 갈래 만 갈래
로 찢어지기 전에 그것을 붙잡아 세운 인물이었다. 오늘날 개신교에서 칼뱅을 계승한 장로교가
최대 교파인 것을 봐도 그의 영향력을 능히 짐작할 수 있다.

교가 '권력'이 될 때 얼마나 무섭게 변질될 수 있는지를 보여준다. 인간본성에 대한 얼마간의 통찰도 제공한다.

17세기 영국혁명은 '청교도혁명'이라고도 부른다. 스튜어트 왕조의 종교적 전횡과 폭정에 맞서 칼뱅의 후예인 장로파 중심의 청교도 세력이 종교적 자유를 쟁취하고자 일으킨 혁명이기 때문이다. 그런데 혁명이 성공하자 실세인 장로파가 가장 먼저 취한 조치는 '출판허가법'의 제정이었다. 장로교의 교리로 영국의 종교를 획일화시켜 반대 의견을 침묵시키려는 의도로 검열제를 시행하려 한 것이다.

혁명 초기 장로파와 함께 폭정에 맞서 싸웠던 청교도 시인 존 밀턴은 이런 장로파의 행태에 경악을 금치 못했다. 장로파의 종교 자유 탄압은 혁명정신에 대한 명백한 배신이었다. 밀턴이 '혁명동지'였던 장로파의 획일주의를 반박하기 위해 쓴 책이 '언론자유의 경전'으로 불리는《아레오파기티카》다. 장로파가 역사상 최초로 표현의 자유를 천명한 고전이 등장하는 데 결정적인 기여를 한 셈이다.

밀턴은《아레오파기티카》에서 권력에 접근하자마자 급속히 변질되고 마는 종교의 속성과 관련해 주목할 만한 조언을 했다. 밀턴은 제2, 제3의 끝없는 종교개혁이 필요하다고 주장했다. 그래서 '종교개혁'을 'The Reformation' 대신 'reformation'이라고 표기했다. 정관사를 없애고 소문자를 써 종교개혁을 일회적인, 유일무이한 사건으로 보지 않는다는 의지를 보인 것이다. 밀턴은 종교개혁을 낡은 껍질을 벗어 던지며 영구히 지속되어야 할 과제로 간주했다.

밀턴은 칼뱅이 비춰준 '섬광'을 너무 오래 쳐다보아서는 안 된다고 말한다. 그 빛은 '응시'하기 위해 주어진 것이 아니며, 오래 쳐다보면 앞을 볼 수 없게 되기 때문이다. 밀턴은 그렇게 칼뱅주의를 도그마로 만들 것이 아니라 그가 비춰준 빛을 활용해 '원천으로Ad fontes' 돌아가라고 촉구한다. 동양식으로 표현하면 달을 가리키는 '손가락'을 볼 것이 아니라 '달'을 보라는 말이다. 오늘날 우리 사회의 개신교인들이 보고 있는 것은 '달'인가 '손가락'인가.

권력 앞에 당당한 영혼

밀턴이 40대 중반에 앞 못 보는 장님이 됐고, 그의 《실낙원》이 만년에 실명 상태에서 집필되었음은 비교적 널리 알려져 있다. 그러나 밀턴이 당대 일급의 석학이자, 청교도혁명에서 찰스 1세의 처형을 적극 옹호한 혁명 논객이었다는 사실을 아는 사람은 많지 않은 것 같다. 왕권신수설이 보편화한 시대에 왕정 폐지의 공화주의를 주장한다는 것은 신성모독에 해당하는 가공할 일이었다. 밀턴은 그런 시대에 그런 가공할 주장을 스스럼없이 한 인물이었다.

청교도혁명은 결국 실패로 끝나고 만다. 죽은 찰스 1세의 아들 찰스 2세가 1660년 복귀함으로써 왕정복고가 이루어진다. 밀턴은 하루아침에 반역자가 되어 감옥살이까지 하는 수난을 겪지만 새 정부의 관용정책 덕분에 다행히 목숨만은 건진다. 그 뒤 밀턴은 내부적 망명자 신세가 되어 서사시 집필에 전념하게 되는데, 이 때 새 정부는 넌지시 밀턴에게 유혹의 손길을 뻗친다. 정부 입장에서 '악명 높은' 밀턴을 전향시켜 국왕 편으로 끌어들이는 일은 비할 데 없는 쾌거요, 밀턴이 과거에 했던 모든 주장을 수치스럽게 만드는 일이었다.

그 무렵 밀턴의 처지는 몹시 궁했다. 평생 모은 재산을 증권으로 갖고 있다가 왕정복고의 혼란 통에 대부분 날려버렸다. 부양해야 할 아내와 어린 세 딸이 있었지만 자신은 늙은 장애인 신세였다. 그러나 밀턴은 국왕의 제안을 일거에 거절한다. '양심'에 반하는 일은 할 수 없다는 이유에서였다. 그러던 어느 날 밀턴의 자택에 뜻밖의 손님이 찾아왔다. 사형당한 찰스 1세의 둘째아들이자 국왕 찰스 2세의 동생인 요크 공 제임스였다(나중에 제임스 2세가 된다).

요크 공은 어느 날 찰스 2세에게, 장님 밀턴 이야기를 많이 들었는데 한번 만나봤으면 한다고 승낙을 구했다. 왕은 동생의 호기심을 막을 의사가 없음을 밝히며 허락했고, 얼마 후 제임스는 밀턴의 거처를 개인적으로 방문했다. 대화를 나누던 중 제임스는 퉁명스러운 말투로, 밀턴의 실명이 혁명 활동에 대한 '신의 심판'이라고 생각하지 않느냐고 물었다. 손님의 무례한 질문에 밀턴은 답했다.

"만일 전하께서 저의 실명을 하늘이 진노하신 징후라고 생각하신다면 전하의 부친이신 선왕에 대해서는 어떻게 설명해야 하겠습니까? 전하의 말씀대로라면 하늘은 저보다는 부친께 훨씬 더 불쾌하셨던 게지요. 저는 두 눈을 잃었을 뿐이지만 선왕은 머리를 잃었기 때문입니다." 요컨대 밀턴은 '나의 실명이 하늘의 벌이라면, 당신 아버지는 얼

제임스 2세 동상

런던의 트라팔가 광장에 서 있는 제임스 2세 동상. 제임스 2세는 청교도혁명 때에는 의회파에 의해 한때 유폐되기도 했으나, 대륙으로 망명했다가 1660년의 왕정복고로 귀국하여 해군총사령관에 임명되었다. 그는 형 찰스 2세만큼이나 난봉꾼으로 악평이 자자했다. 1685년에 찰스 2세의 뒤를 이어 즉위했다. 즉위 후 가톨릭 복고를 꾀하고 절대주의적 경향을 강화했다. 하지만 이에 대한 반발로 1688년에 명예혁명이 일어나자 프랑스로 망명했다.

마나 큰 천벌을 받았기에 처형장에서 목이 잘렸느냐 고 반문한 것이다. 권력에 굴종하지 않는 시인의 기개가 놀랍다.

"죽으면 다 끝이다"라고 생각하는 현세주의 경향이 강한 탓인지 우리 사회에서는 권력 앞에 신념도 지조도 아무렇게나 내던지는 군상이 끝없이 배출된다. '역사의 평가' 니 '양심의 소리' 니 말해봐야 '후세'도 '내세' 도 두려워하지 않는 그들에게는 가당찮은 헛소리에 불과할 것이다. '현세' 에서만 잘 나가면 그것으로 끝이라 생각하고, 사욕을 위해 기꺼이 공공성을 포기할 준비가 되어 있는 천격의 엘리트가 넘쳐나는 것이 우리의 현실이다.

영국의 대표적인 낭만주의 시인 윌리엄 워즈워스William Wordsworth (1770~1850)는, 종교가 타락하고 예의와 염치가 사라진 부박浮薄한 풍조 속에서 영혼을 잃어가던 동시대인들에게 이 시대야말로 밀턴이 간절히 필요한 시대라고 설파하는 한 편의 소네트(〈런던, 1802년 London, 1802〉)를 써서, 밀턴에게 바쳤다. 마치 우리에게 말하는 것 같은 시다. '영국' 을 '대한민국' 으로 바꿔 읽어보기 바란다.

밀턴, 그대야말로 우리 시대에 살아 있어야 하겠다.
영국은 그대를 요구함이 간절하다.
지금 이 나라는 괴인 물 썩어가는 늪 같으니.
교회도, 군대도, 문학도, 가정도, 웅장한 부호의 저택도
마음속의 행복을 잃었도다.
아, 우리를 일으키라, 우리에게 돌아오라.
그리하여, 우리에게 예의와 덕행과 자유와 힘을 달라.
그대의 영혼은 아득한 별같이 고고하게 살았고,

그대의 목소리는 바다같이 울렸다.

맑은 하늘처럼 깨끗하고, 위엄 있게, 자유롭게

그대는 인생의 대도大道를 경건한 기쁨 가운데서 걸었다.

그러나 또한 가장 낮은 의무마저 피하지 않고.

47

생각을 숨기고
정직한 표정을 지으면

근대 초기 유럽 사회에서 해외여행은 매우 위험했다. 마르틴 루터에 의한 16세기 초의 종교개혁 이후 17세기에 이르기까지 가톨릭 진영과 프로테스탄트 진영 사이에는 극렬한 종교적 대립이 있었다. 20세기 후반 냉전 시대의 이데올로기 대립을 방불케 하는 대립과 긴장이었다. 대부분의 유럽 사람들은 국내 지방도시 여행을 제외하면 장거리 여행이란 불가능했고, 대개가 자기가 태어난 고장에서 살다가 생을 마감했다.

영어권 최고의 시인이자 청교도 신앙인이었던 존 밀턴(1608~1674)은 30세 되던 1638년 5월부터 1년 3개월 동안 프랑스와 이탈리아를 여행했다. 12살 이후로 자정이 되기 전에 잠자리에 든 적이 없었을 정도로 학업에 정진했던 밀턴은 학문의 완성을 위해 유럽 문명의 중심지를 돌아보는 기회를 얻었다. 영국은 당시만 해도 유럽의 변두리 국가에 불과했다. 밀턴이 유럽 여행에서 가장 가보고 싶어 했던 곳은 프랑스와 이탈리아였는데, 특히 이탈리아 여행을 가장 바랐다. 고대 로마 문명의 핵심부였고 14세기 이후 르네상스 문화의 발상지이기도 했던 이탈리아는 밀턴에게 선망의 대상이었다. 중세 최고의 시인 단테, 최초의 휴머니스트 페트라르카를 배출한 위대한 문화 국가였고, 천문학자 갈릴레이로 상징되는 선진 과학의 나라였다.

그러나 밀턴이 여행에 나설 무렵 유럽의 정정政情은 심히 불안했다. 독일에서는 가톨릭 국가들과 프로테스탄트 국가들 사이에 30년전쟁(1618~1648)이 한창 벌어지고 있었다. 20세기 중반 분단된 한반도에서 공산 진영과 서방 진영 사이의 이데올로기 갈등이 한국전쟁으로 폭발했듯이, 분열된 독일 땅에서 유럽의 가톨릭 진영과 프로테스탄트 진영이 30년 동안이나 전쟁을 벌였다. 유럽의 종교 대립은 19세기까지 심각한 수준이었다. 가톨릭 집안과 프로테스탄트 집안 사이에 혼인마저도 금할 정도였다.

청교도이자 프로테스탄트 중의 프로테스탄트라 할 수 있을 정도로 반反가톨릭적 성향을 지니고 있던 밀턴에게 가톨릭 국가인 프랑스와 이탈리아는 이를테면 '적성국가'였다. 해외여행이 처음이었던 밀턴은 여행을 떠나기 전에 베네치아 주재 영국 대사를 지낸 헨리 워튼을 방문해 자문을 구했다. 밀턴이 조언을 구하자 그는 이렇게 당부했다. "생각을 숨기고 정직한 표정을 지으면 전 세계 어디라도 안전하게 다닐 수 있다네."

대학 시절의 밀턴
밀턴은 유럽의 가톨릭 국가들을 여행하면서 자신만의 원칙을 세웠다. 현지인들과 대화를 나눌 경우 종교에 관한 이야기를 자신이 먼저 꺼내지는 않겠다는 것이었다.

밀턴은 가톨릭 국가를 여행하면서 자신만의 원칙을 세웠다. 현지인들과 대화를 나눌 경우 종교에 관한 이야기를 자신이 먼저 시작하지는 않겠다, 그러나 자신의 종교에 대해 상대방이 질문을 해올 경우에는 결과가 어떻게 나타나건 당당하게 자기 입장을 밝히겠다, 이것이 그의 확고한 방침이었다. 그는 여행 기간 내내 자신의 원칙을 지켰다. 생각을 숨기라는 헨리 워튼의 조언을 충실히 따르되, 상대방이 먼저 질문을 해올 경우 떳떳하게 자기 신앙을 드러내겠다는 태도다. 종교적 입장을 달리하는 사람들과 만났을 때 민감한 문제로 상대를 먼저 자극하지 않으려는 '배려', 그럼에도 자신의 종교적 입장에 대해 당당한 태도를 잃지 않겠다는 다부진 '결의'를 읽을 수 있다.

2009년 3월 14일, 예멘에서 한국인 관광객 4명이 자살폭탄 테러에 희생되는 비극이 벌어졌다. 이어 18일에는 현지를 방문한 정부 대응팀과 유가족을 겨냥한 2차 테러까지 발생했다. 한국인이 언제든 국제 테러의 대상이 될 수 있음을 보여주는 사건이었다. 정부 고위당국자는 한국이 국제 테러조직 알카에다의 공격 대상에 포함되었다고 발표했다.

중동 전문가들은 이슬람 지역을 방문한 일부 한국인 개신교도들이 현지인들과 대화할 때 친근감을 표시하기 위해 이슬람교 창시자인 무함마드에 대해 아는 바를 얘기하곤 하는데, 이 과정에서 잘못 비하하는 발언을 했다가 큰 문제가 되기도 한다고 지적한다. 이슬람권에서는 신분이나 종교를 드러내놓고 과시하는 것을 피하는 편이 좋다는 것이다. 일부 개신교도들의 배려 없는 태도가 자칫 화를 부를 수 있다는 지적이다.

여러 해 전 대학생들과 함께 일본 답사 여행을 갔다가 오사카 성을 들른 적이 있었다. 구경을 마치고 나오는데 10여 명의 한국인 남녀가 옆으로 길게 늘어서서 성 밖에서 입구 쪽을 바라보며 큰소리로 찬송가를 합창하고 있었다. 지나가던 관광객들이 눈살을 찌푸리며 힐끗거렸다. 합창이 끝난 뒤 그들 중 하나는 자랑스럽다는 듯 "도요토미 히데요시를 개종시켰다"고 외치기까지 했다. 도요토미 히데요시가 건축한 오사카 성에 대고 찬송가를 부른 것이 자랑스럽다는 투였다. 교회 아닌 공공장소에서 소리 내어 합창하는 그들의 독선에서 이웃에 대한 배려는 찾아보기 힘들었다. 관광지에서의 예절도 상식도 찾을 수 없었다.

민음을 배타적 광신과 동일시하고, 이웃에 대한 배려를 하찮게 여기는 '무개념 개신교'로는 세계 어디를 가도 환영받기 힘들다. 하긴 종교지도자라는 일부 목사들부터 다른 종교에 대한 배타적 발언을 서슴지 않으니 안타까운 일이다. 개신교인들이 프로테스탄트 중의 프로테스탄트이자 위대한 청교도 시인이었던 밀턴의 '절제와 품격'을 본받을 수는 없는 걸까?

존 밀턴,
한국 지식인에게 '영혼'을 묻다

2008년 12월 9일은 영어권이 배출한 최고의 시인 존 밀턴(1608~1674)의 탄생 400주년이 되는 날이었다. 밀턴의 조국인 영국에서는 시인의 탄생을 기념하는 갖가지 강연회·전시회·음악회 등이 연초부터 12월까지 이어졌다. 미국 뉴욕에서 9월 27일부터 11월 2일까지 거행된 축제기간 중에는 밀턴을 기념하는 미술전시회, 고전 낭독, 17세기 유럽 전통음악 연주회 등 다채로운 문화예술 프로그램이 마련되었다.

한국은 극성맞을 정도로 영어를 사랑하는 나라로 유명하다. 2008년 초 이명박 정부가 들어서기 직전 대통령직인수위원회 위원장이던 이경숙 숙명여대 총장이 "미국에서는 '오렌지'라고 말하면 아무도 못

알아듣는다, '어린쥐' 라고 해야 알아듣는다"라고 말했다가 여론의 도마 위에 올랐다. 이 때문에 이명박 정부를 '어린쥐 정부' 라고 부르는 촌극이 벌어졌다. 21세기 초 대한민국이 얼마만큼 영어를 사랑하는지를 보여준 상징적 에피소드다.

그 무렵 한국은 유창한 영어 발음을 위해 혀 수술까지 마다하지 않는 '영어몰입국가' 로 불렸다. 그런데도 어찌 된 일인지 한국 사회는 영어권 최고 시인 밀턴의 탄생 400주년에는 시종 무관심으로 일관했다. 기이한 일이었다. 우리에게 영어란 오로지 밥벌이 수단에 불과하기 때문이었을까? 시대의 '천격賤格' 을 확인한 것 같아 씁쓸한 심정이었다.

밀턴은 시인이기에 앞서 당대 일급의 논객이자 석학이었다. 어학에도 조예가 깊어 헬레니즘과 헤브라이즘의 수많은 고전어는 물론이고 유럽 각국의 현대어에도 두루 능통했다. 특히 당시 국제어인 라틴어 문장력은 프랑스·이탈리아 등 대륙의 지식인들도 극찬할 정도였다. 밀턴이 크롬웰 정부에서 10년 동안 외무부장관직을 수행한 것도 이 때문이었다.

지금의 우리로서는 얼른 납득하기 힘들지만 17~18세기 영국은 유럽에서 열등감에 시달리던 변두리 국가였다. 영국인은 특히 이탈리아에 심한 열등감을 느끼고 있었다. 이탈리아가 고대 로마문명의 발상지였을 뿐만 아니라 15세기에 화려한 르네상스 문화를 피워낸 '선진국' 이었기 때문이다. 이에 비해 영국은 유럽의 서북쪽 끝에 붙어 있는 낙후한 변두리 국가에 불과했다.

그러니 행세깨나 한다는 영국인 가운데 이탈리아에서 2~3년간 체류한 경험을 갖지 못한 사람은 시골뜨기 취급을 면할 수 없었다. 18세

존 밀턴

17세기 잉글랜드 최고의 석학이자 혁명가요, 시인이었던 존 밀턴. 그는 변방국 잉글랜드 사람으로서 라틴어 사용이 훨씬 유리한 입장이었음에도 불구하고 모국어인 영어로 작품을 썼다. 잉글랜드인의 정체성을 잊지 않고 자신의 조국에 깊숙이 뿌리내린 지식인이었다.

기 영국의 문인이었던 새뮤얼 존슨이 "이탈리아에 다녀오지 않은 사람은 항상 열등감을 느낀다"고 말할 정도였다. 스칸디나비아와 독일·러시아의 귀족들도 재빨리 그런 유행을 뒤따랐다. 18세기 유럽의 이같은 이탈리아 여행 붐을 '그랜드 투어'라고 하는데, 그것은 거액의 비용이 소요되는 사실상의 해외유학이었다. 성공한 부르주아의 아들인 밀턴은 30세 되던 해에 1년 3개월 동안 프랑스를 거쳐 이탈리아를 여행했다. 아직 그랜드 투어가 본격화되기 전이었다. 가택연금 상태의 천문학자 갈릴레이를 만나 교분을 쌓은 것도 이 여행에서였다.

그런데 이탈리아 '유학'에서 돌아온 밀턴은 이렇게 다짐을 했다.

만일 내가 무엇인가 후세를 위해 글로 쓰게 된다면 내 조국을 명예롭게 하고 하나님을 영화롭게 할 것이다. 라틴어로 글을 쓰면 해외에서 더 큰 명예를 얻을 수 있을지 모르나 나는 모든 근면과 기예를 다 발휘하여 나의 모국어를 아름답게 장식하는 데 사용하겠다.

마지막 문장에 유의할 필요가 있다. 당시 밀턴은 국제적 명성을 얻기 위해 영어보다 라틴어로 저술하는 편이 훨씬 유리했다. 변방 언어인 영어로 작품을 쓰면 읽을 사람이 몇 안 되지만 라틴어로 쓰면 전유럽의 지식인을 독자로 삼을 수 있었기 때문이다. 그러나 밀턴은 이 모든 가능성을 접고 모국어로 작품을 쓰겠노라 결심했다. 영어몰입국가 대한민국의 지식인들과 사뭇 상반된 행보를 보인 것이다. 그의 모국어에 대한 야심과 헌신은 훗날 《실낙원》 등으로 구체화되었다. 만일 밀턴이 그의 작품을 당시의 국제어인—그리고 당대에 자신의 명성을 드높이는데 결정적으로 유리했던—라틴어로만 썼더라면 영어의 위상은 오늘과 같지 않았을 것이다. 영어가 세계어로 자리 잡게 된 배후에는 밀턴을 비롯해 모국어에 대한 애정을 쏟은 수많은 영어권 문인들의 숨은 노력이 있었다.

2008년 전 세계적으로 경제위기가 닥쳤을 때, 국내 대학 교수 중에서 한국 현실을 연구하는 경제학자를 찾아보기 힘들다는 탄식이 나온 적이 있다. 연구업적 평가의 기준이 미국의 저명 학술지에 실린 논문 횟수이기 때문이다. 국내 학술지보다 미국 학술지에 게재된 논문이 3~5배 높은 점수를 받는데, 미국 경제학회지에 논문이 실리려면 미국 경제학계의 이슈를 따라가야 한다. 굳이 한국 현실을 연구할 필요가 없다. 한국 땅에 살고 한국 대학에 몸담고 있으면서도 한국 경제에 대해 문제의식이 없는 것이다. 영혼은 미국 하늘을 떠돌면서 육신의 빈껍데기만 이 땅에 머물고 있는 황폐한 풍경이다. 더 큰 문제는 이런 현상이 경제학에만 국한된 것이 아니라는 데 있다.

우리는 지난 반세기 동안 '근대화'에 상당한 성과를 거두었지만 '정체성'은 우선순위에서 저만치 밀려나 있었다. 조국은 육신의 영달만을 취하다가 미련 없이 떠나도 좋은 곳이 아니다. 이 땅에 굳건히 뿌리를 내리고 '우리의 꽃'을 활짝 피워낼 젊은 세대가 자라나기를 기대한다.

언론 자유의 경전
《아레오파기티카》

중세 이래 서양의 검열제는 종교적 '정통' 을 자임하는 세력이 '선' 을
보호한다는 명분으로 실시했다. 그러나 언론자유의 경전으로 불리는
《아레오파기티카》에서 존 밀턴은 검열이 소기의 성과를 거두기 어려
운 이유를 네 가지 들며 국가의 검열제를 비판한다. 첫째, 검열제는
'선' 을 보호하고 '악' 을 누르는 데 목적이 있지만, 마치 인간 존재 안
에 선과 악이 공존하듯이 책 안에 있는 선과 악도 서로 떼려야 뗄 수
없이 뒤섞여 있다는 것이다. 밀턴은 모든 악을 억누르기 위해서는 먼
저 성경을 덮어야 한다고 말한다. 성경의 어떤 부분에는 차마 소리 내
어 읽기 민망한 음란한 구절도 있기 때문이다.

둘째, 검열은 교양을 갖춘 많은 수의 검열관이 엄청난 시간을 할애해야만 수행할 수 있는 어려운 일이므로, 보통 이상의 학식과 인내심을 가진 다수의 고급인력을 확보해야 한다. 게다가 출판 여부를 결정하기 위해 원고를 미리 읽어야 하지만, 수많은 저자들의 난해한 필기체를 온종일 읽어낼 사람은 없다(타자기도 컴퓨터도 없던 시절이다). 제대로 된 검열관을 확보하기가 사실상 불가능하다는 것이다.

셋째, 종교재판소를 통해 엄격한 검열제를 시행하던 가톨릭 국가들이 소기의 성과를 거두지 못했다는 것이다. 밀턴은 엄격한 서적 검열을 행하는 에스파냐와 이탈리아에서 검열 덕분에 사람들이 조금이라도 당국의 의도대로 선량해졌느냐고 반문한다.

끝으로, 만일 '악'을 억누르는 것이 목적이라면 책만이 아니라 연인들의 속삭임, 노래, 연주자의 레퍼토리, 의상, 식사, 음주 등 일상생활 모두를 검열해야 한다. 나쁜 풍속은 책 외에 수천 가지의 다른 경로를 통해 얼마든지 유입되기 때문이다. 선과 악을 철저히 가려내고 둘이 접촉마저 못하게 해야 완벽한 검열이겠지만 이는 현실적으로 불가능하다. 그러므로 밀턴은 널리 알려진 비유로써 검열제의 한계를 명쾌하게 꼬집는다. 검열제를 시행하려는 사람은 "공원 문을 닫음으로써 까마귀를 들어오지 못하게 하려는 무모한 사람과 다를 바 없다"는 것이다.

한국현대사에서 이명박 정부 5년(2008~2012)은 언론의 암흑시대였다. 청와대의 언론에 대한 관여와 통제는 1987년 민주화 이후 집권한 정권 중에서 가장 심했다. 특히 여론 형성에 영향력이 큰 방송사에 대한 간섭이 두드러졌다. 〈한국방송〉과 〈문화방송〉의 사장 선임에서부터 보도와 기획물까지 사사건건 권력의 입김이 작용했다.

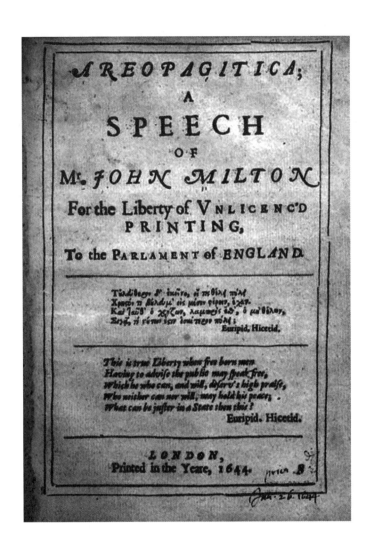

《아레오파기티카》

1644년 출간된 《아레오파기티카》는 세계 역사상 최초로 언론자유를 주장한 문헌이다. 밀턴은 '사상의 자유 시장'에서 진실과 거짓이 싸우면 반드시 진실이 승리한다고 믿었다.

그 시절에 언론자유가 얼마나 훼손됐는지는 '국경 없는 기자회 Reporters Without Borders'가 해마다 국가별로 순위를 매겨 발표하는 세계언론자유지수가 잘 보여준다. 참여정부 시절인 2005년과 2006년 각각 34위, 31위를 나타냈던 순위는 이명박 정부 들어 급속히 떨어졌다. 2009년엔 아프리카 독재국가 수준인 69위까지 추락했다. 이 시기에 최악의 순위를 기록한 이유는 2008년 봄의 촛불시위 탄압과 그해 10월 공정보도를 요구하는 와이티엔YTN 기자 6명이 집단해고된 것이 반영되었던 때문으로 추정된다.

이후 42위(2010), 44위(2011~2012)로 개선되던 언론자유지수는, 박근혜 정부가 들어선 2013년에 다시 50위로 곤두박질쳤다. 이것은 지난 10년간 순위 중 이명박 정부의 언론탄압이 극심했던 2009년 이후 두 번째로 낮은 순위였다. 이런 결과는 세계적 이슈가 된 국가정보원의 2012년 대통령선거 개입 사건에 대해 주요 신문·방송이 공정하고 비판적인 보도에 나서지 않는 현실을 반영했다. 또한 2008년 YTN에서 해직된 기자들과 2012년 MBC에서 해직된 기자들처럼 공정방송을 위해 싸운 언론인들의 해직상태가 지속되고 있는 점도 영향을 미쳤다.

공원 문을 닫아걸어 놓고 까마귀가 그 안에 못 날아가리라고 생각하는 권력자들의 무모함은 어리석고 미련하다. 지배 계층의 그악스러운 탐욕과 몽매로 인해 암흑의 바다로 끌려가는 21세기 대한민국호의 미래가 걱정스럽다.

도판 목록

찾아보기

나의 서양사 편력 1

고대에서 근대까지

⊙ 2014년 12월 23일 초판 1쇄 발행
⊙ 2015년 12월 4일 초판 2쇄 발행
⊙ 글쓴이   박상익
⊙ 펴낸이   박혜숙
⊙ 영업 · 제작   변재원
⊙ 펴낸곳 도서출판 푸른역사
   우 03044 서울시 종로구 자하문로8길 13
   전화: 02)720−8921(편집부) 02)720−8920(영업부)
   팩스: 02)720−9887
   전자우편: 2013history@naver.com
   등록: 1997년 2월 14일 제13−483호
ⓒ 박상익, 2015

ISBN   979−11−5612−030−8 04900
ISBN   979−11−5612−029−2 04900(세트)